Franz Innerhofer

Geschichte Andreas Hofers

Oberkommandanten der Landesverteidiger von Tirol im Jahre 1809

Franz Innerhofer

Geschichte Andreas Hofers
Oberkommandanten der Landesverteidiger von Tirol im Jahre 1809

ISBN/EAN: 9783743662483

Hergestellt in Europa, USA, Kanada, Australien, Japan

Cover: Foto ©ninafisch / pixelio.de

Weitere Bücher finden Sie auf **www.hansebooks.com**

Geschichte Andreas Hofer's

Oberkommandanten der Landesvertheidiger von Tirol im Jahre 1809.

Nach den hinterlassenen Schriften **Josef Thaler's** und **Johann Jakob Pöll's** herausgegeben von

Dr. Franz Innerhofer.

Meran 1899.
F. W. Ellmenreich's Verlag.

Druck von S. Pötzelberger, Meran.

Inhalt:

		Seite
Vorrede		V
Vorrede an den ginstigen Leser		VII
1. Sandwirts-Geschichte		1
2. Sandwirts Geburt		1
3. Seine Jugendjahre		2
4. Er verheiratet sich		4
5. Sandwirt als Vater		5
6. Ausbruch des Unheils über Europa		6
7. Die Gefahr rückt näher		7
8. Erster Einfall der Franzosen		9
9. Zweiter Einfall der Franzosen		10
10. Dritter Einfall der Franzosen		13
11. Tirols vierte Gefahr		15
12. Vierter Einfall der Franzosen		17
13. Tirol kommt an Bayern		20
14. Tirol unter Bayern		20
15. Der Tiroler Krieg im Jahre 1809		23
16. Die Oesterreicher kommen nach Tirol		25
17. Tirols neue Gefahr		25
18. Zweiter Einfall der Bayern		28
19. Sandwirts Verwaltung		30
20. Neue Gefahr		31
21. Der Wiener-Friede		33
22. Die letzten Auftritte		37
23. Die Kriegsereignisse in Passeyer		40
24. Wilde Auftritte in Brixen		43
25. Sandwirts Gefangennehmung		45

		Seite
26. Hofers Verhör und Hinrichtung	.	50
27. Sandwirts Familie . . .		53
28. Sandwirts Belohnung . . .		54
29. Sandwirts Gebeine werden erhoben und beigesetzt		55
30. Sandwirts Verherrlichung	. .	56
31. Schluß		57
32. Nachtrag		59

Vorrede.

Motto: Großer Männer Thaten sollen wir nicht blos lesen, sondern auch darnach handeln.

Wer kennt nicht den Namen Andreas Hofer?

Wer begeistert sich nicht für den einfachen bescheidenen Mann, der zu Anfang dieses Jahrhundertes sich vom schlichten Landwirte zur höchsten Stelle im Lande Tirol emporarbeitete, nicht zwar durch Wissenschaft und Bildung, sondern durch Biederkeit, glühende Vaterlandsliebe und Kaisertreue.

Kein Wunder, wenn dieser Mann ein Mann des Volkes im echten Sinne des Wortes geworden ist und Bewunderung erregte bei Freund und Feind.

Es ist daher über den wackeren Sohn aus Passeyer schon viel, ja sehr viel geschrieben worden und sein Name ist nicht blos bekannt in seinem engeren Heimatlande, sondern auf der ganzen weiten Welt.

Es erscheint daher als ein gewagtes Unternehmen, Neues über den Helden von Anno 1809 zu bringen, jedoch möchte der Verfasser dieses Büchleins, als warmer Verehrer dieses großen Mannes, ein kleines Scherflein beitragen, ihn bei Gelegenheit der Einweihung der Herz Jesu=Kapelle am Sande in Passeyer am 21. September d. J. gebührend ans Licht zu ziehen und so das Seinige beizutragen, den Mann von Passeyer als Muster eines wahren und uneigennützigen Patrioten und als kernhaften Christen hinzustellen für alle kommenden Geschlechter, zumal in unserer Zeit solche Charaktere nur mehr zu den Seltenheiten gehören.

Die Quelle, aus welcher ich das Nachfolgende schöpfte, ist das Manuskript eines gewissen Josef Thaler, vulgo Hasler, aus St. Martin in Passeyer, eines Zeitgenossen und treuen Freundes Hofers, welcher am 29. Juli 1831 zu St. Martin in Passeyer gestorben ist.

Ich gebe dessen Vorrede wortgetreu in der Schreibweise mit allen Fehlern wieder, während der übrige Teil der Geschichte Sandwirts in die jetzige Rechtschreibung übertragen wurde.

Josef Thaler kam mit der Reinschreibung seines Manuskriptes blos bis zum 24. Abschnitte, wo er dann vom Tode ereilt wurde, obschon er das Concept zur Hofer-Geschichte ganz vollendet hatte. Dieses Concept nun, das gegenwärtig leider nur mehr in Bruchstücken vorliegt, schrieb aber der hochw. Herr Johann Jakob Pöll, Direktor der Bürgerschule in Bozen, ebenfals ein Zeitgenosse Andreas Hofers, wörtlich ab und fügte nur noch seine eigenen Bemerkungen und Erlebnisse hinzu.

Es hat daher die Geschichte Andreas Hofers umsomehr Anspruch auf Wahrheit und Richtigkeit der Thatsachen, welche in dieser kleinen Festschrift enthalten sind.

Möchte dieselbe geneigte Leser und viele Gönner finden, damit der Name Hofers immer mehr und mehr bekannt werde und immer mehr Verehrer und begeisterte Nachahmer finden möge.

Meran, am 10. August 1899.

Dr. Franz Innerhofer.

Vorrede an den ginstigen Leser.

Mein gedreister Leser ich mueſ Dich ja ſchon zuvorauſ um Verzeichen Biten, das ich mich Joſeph Thaler unterſtanden Ein geſchichten Zu Schreiben oder Ein Buch dariber zu verförtig Weil ich von einer Rechtſchreibung ganz und gahr kein Erkentes Beſitze, doch wage ich Es und könnte Mihrs Ja Ein Jeder Rechts und wohl gelernter Leſer Wohl verzeichen Weil ich das Schreiben Erſt in die vierzig Jahr von Mihr ſelbſten und Hochen alter ohne lehrn Meiſter gelehrnt hab, Meine Hochgeehrthen leſer das ich daſ geſchichten Buech geſchriben hab iſt Mein Innerlicher und vor Nembſter Antrib gebeſen, da mit die Nach Welt auch noch ſechen kann Was ich in Zeit Meines Lebens von aintauſent Siben Hundert finf und Sechzig, bis aintauſent acht=
hundert Neun und Zbaunzigeſten Jahrs, Neues geſechen Erfahren und Erlebet hab, aber Nur Einzig und Hauptſechlich iſt der antrib gebeſen das Wahrſcheindliche Geſchichten Buch Zu ver=
faſen, da mit die Nach Welt noch ſicht, Wie Anderes v. Hofer Santwirth von Seiner Kaiſer=
lichen Meieſtöt Franz den Erſten iſt In ſtetten Hochen anſehen und Ehren geſtaden Wie die=
ſelben Ein nander Bis in Tott gedrey gediend und als Tapfere Kriegs Helden den Franzoſen wie von Erſchichtern fölſen die Kriegs Waffen dar gepothen haben, und weiters iſt die Folge gebeſen das ich daſ Buch geſchriben hab da mit

die nachkombenschafft nocht sicht Wie Anderes v. Hofer sei ver Rathen worden Wie Jhm seine Schiltwachleite in sein Fluchts Orthe verlasen haben, und nach seiner gefangenschafft vile sachen sein Endfrendet und vergebens verschbendet worden, ich will aber desbegen kein ver Rether sein aber auch kein heler verbleiben, so Bite ich alle und Jeden leser das ich der sache solte ganz zu Nache gekomben sein das glaubet Nuhr nicht den Es ist Ja schon viles zu vor ganz Bebisen Jeddoch aber nicht alles Was ich in diesen Buch geschriben hab, Ja ich will dises Zbahr Nuhr Einföltiges aber dan noch Wahrhaftes geschichten Buch, allen stenden von Nideristen Bis Zum Höchesten den Weltlichen sowol als dem geistlichen Zum lesen geschenket haben und solte Es auch Seine Keiserliche Meiestät das ganz Buech durch= lesen, so glaub ich Ja ganzsicherlich Er wirth Mihr nicht vile Worte in Abröde stöllen Zu wissen, ich Winschet das Ein gueter und Wohl= gelehrter schreiber dieses Buch abschribete und alle Meine Schreibfehler darin ver Besseren und als dan denen Wohlgelehrten durchlesen Zu lassen, und sogar in Druckh Zu Jbersetzen da mit Es alle Stende in die keiserlichen Statten sechen Mechten Wie seine Keiserliche Meiestöt von Eöstereich Franz der Erste und der Herr Ober= komendant in Tyrol Anderes von Hofer Ein nander Bis im Tott Hoch geschözet und geehrt haben, so will ich dieses Buch so dasselbe lesen Tun mit freiden Jberlassen, und du o getreuer Leser
            Bedenkhe alles Wohl
            Recht und guet
so wirth Du sechen Was Ein 64 Jeriger alter Mann noch tuet.

                    I. T.

1. Sandwirts-Geschichte
und der Passeyrer Heldenmuth nach den Manuskripten Josef Thaler's und Johann Jakob Pöll's.

Ziemlich in der Mitte des Thales Passeyer, eine Viertelstunde von der Pfarrkirche St. Leonhard am linken Ufer der Passer, hart an diesem Wildflusse, der auch der gefährlichste Feind der Sandwirtsgebäude und Güter ist, steht das Wirtshaus am Sand ("Zur Krone"), rings von den dazugehörigen Gütern, Aeckern und Wiesen, an welche die schöne Waldung stößt, umgeben, in einer schönen Ebene, hin und wieder mit Obstbäumen besetzt.

Das Wirtshaus und die Futterhäuser sind fest gebaut und befinden sich nebst einem kleinen Kirchlein in gutem Stande. Seit undenklichen Zeiten her waren und sind die nun Edlen von Hofer Besitzer dieser großen und schönen Realitäten, wohlstehend und ihrer Rechtschaffenheit wegen von Jedermann, geistlicher und weltlicher Obrigkeit hoch geachtet und durch ihr Wohlthun allseitig beliebt.

2. Sandwirts Geburt.

Im Taufbuche der Pfarre St. Leonhard steht: Am 22. November 1767 wurde getauft vom hochw. Herrn Cooperator Andrä Kraft Andreas Nikolaus Hofer, ehelicher Sohn des Josef Hofer, Wirt am Sand und der Maria

Aigentle. Taufpathe war der Junggeselle Johann Pichler auf der Mörr.

Mehrere glaubwürdige Zeugen versicherten, daß sie in jener Nacht, wo Andreas Hofer geboren wurde, eine Lichterscheinung in Gestalt einer Muskete in der Richtung ober dem Sandwirtshause am Plattespitz gesehen haben. Das mag wohl eine recht große und gewisse Vorbedeutung gewesen sein, daß Gott den Andreas Hofer zu einem Kriegsherrn erwählt und zugleich seinen Martertod angezeigt haben wollte.

Andreas Hofer hatte drei ältere rechte Schwestern und von der Stiefmutter Anna Frick eine jüngere, er war also aus beiden Ehen Sohn allein und wurde auf dem Sande mit seinen Schwestern in aller Gottesfurcht wahrhaft christlich erzogen.

3. Seine Jugendjahre.

Als er das schulpflichtige Alter erreicht hatte, wurde er von seinem christlichen, allzeit rechtschaffenen Vater fleißig in die Schule geschickt. So wie der um das Wohl seiner Kinder eifrigst besorgte Vater, erfüllte auch der stets gehorsame Sohn seine Schuldigkeit. Sein Vergnügen war die Schule, Lernen seine Freude, pünktlicher Gehorsam seine Richtschnur; daher machte er auch unter seinen Mitschülern einen so ausgezeichneten Fortgang, daß er bald ihr Liebling wurde, Katechet und Lehrer ihn hochschätzten. So wurde er die Zierde der Schule, so daß er mit Recht die Hoffnung zu etwas Größerem erweckte. Die strenge Beobachtung der Schulordnung, das gesetzte Wesen im Hin- und Wiederkommen, der treue, kindliche Gehorsam zu Hause, kurz, sein solides Benehmen zog Aller Augen auf ihn. So vergiengen die Schuljahre im evangelischen Sinne, er nahm zu wie an Alter, auch an Weisheit, Bescheidenheit und wohlverdienter Liebenswürdigkeit. Bereits war er, der einzige Sohn, herangewachsen, wo sein geliebtester und ihn wieder liebender Vater bald seiner Beihilfe in seinen ausgedehnten Wirtschaftsgeschäften sich erfreuen konnte. Allein die Vorsehung fügte es ganz anders. Kaum hatte der Sohn die Schuljahre vollendet, wollte es Gott, daß sein Vater die Welt verlasse und ins bessere Jenseits hinüber wandle, wo er sein vorangegangenes erstes Weib zu treffen hoffte und seine Zurückgelassenen sicher erwartete. Die Geschwister kamen nun unter Vormundschaft, welche wohl für die Erziehung, nicht aber für das väterliche und mütterliche Erbteil sorgte. Die Stiefmutter übernahm einstweilen die Fortführung der Wirtschaft, aber mit einem so schlechten Erfolge, daß sie in kurzer Zeit den Kindern 1700 fl. verhauste. Um dem weiteren Rückgange vorzubeugen, verheiratete sich die älteste Schwester Anna mit Josef Griner und übernahm bis zum fähigen Alter des Bruders Andreas auf eigene Rechnung die Wirtschaft. Dieser verblieb auch eine kurze Zeit bei seiner benannten Schwester, begab sich aber bald nach Italien, um sich die nothwendige Sprache eigen zu machen. Auch hierin machte er ausgezeichnete Fortschritte und kam nach Verlauf der erforderlichen Zeit, der Sprache kundig, mit vielen zu seinem Fache nöthigen Kenntnissen bereichert, gebildet und schön herangewachsen nach Hause. Hofer war ein ausgezeichnet schöner Jüngling und dann ein ebenso schöner, rüstiger Mann, wozu sein großer schönschwarzer Bart nicht wenig beitrug. Eine Wette war die Veranlassung, daß er sich einen solchen wachsen ließ. Hofer blieb künftig ein nicht bloß gemeiner Wirt, sondern trieb später einen ausgedehnten Pferdehandel, daher er öfters nach Italien kam. Es ergab sich einmal, daß er einen etwas stärkeren Bart hatte, der mit seinen rosenrothen Wangen auffallend abstach. Er verkaufte gerade ein Pferd um zirka 100 fl. Hofer erwähnte der Nothwendigkeit, sich barbieren lassen zu müssen. Der Pferdekäufer sagte: Lassen Sie sich ein ganzes Jahr nicht mehr barbieren, so bezahle ich das Pferd doppelt, widrigenfalls nichts dafür. Es blieb dabei, Hofer gab sein Wort und von nun an ließ er seinen Bart ungehindert wachsen, bis ihm die Franzosen bei der Gefangennahme denselben unbarmherzig größtenteils ausrissen.

4. Er verheiratet sich.

Da Hofers gute Sitten, Einsicht und Zutrauen allgemein bekannt waren, so wurde er ungehindert für großjährig erklärt, übernahm nun selbst die große Wirtschaft, wozu er nothwendig sich um eine brave Wirtin umsehen mußte; und diese fand er auch an der tugendreichen Anna Ladurner, Tochter des Peter und der Marie Ladurner, geb. Tschöll, Besitzer in Algund nächst Meran. Gleich am Tage nach der Hochzeit führten sie die Wirtschaft glücklich fort. Es brauchte anfangs große Aufmerksamkeit, weil die Stiefmutter schlecht gehaust und er den Hof um 12 000 fl. übernehmen mußte, worauf seine Geschwister ihren Erbteil liegen hatten. Doch der Herr segnet das in seinem Namen Unternommene. In Frieden und Einigkeit, unter Genießung der allgemeinen Achtung, verstrichen die Jahre bis zur zweifach harten Trennung.

5. Sandwirt als Vater.

Hofer war nicht bloß ein geschickter Geschäftsmann, guter Rathgeber, wohlthätiger Einwohner und getreuer Gatte, sondern das Muster eines christlichen Hausvaters und Vaters seiner Kinder. Gott segnete diese glückliche Ehe mit 7 Kindern; denn bald nach dem ersten Jahre der Verheiratung erfreute ihn seine Frau mit einem holden Knaben, den aber der Herr, um ihre Ergebung zu prüfen, als den Erstling bald nach der hl. Taufe zu sich nahm. Der Herr hat ihn uns gegeben, er hat ihn genommen, er kann uns denselben ersetzen, waren ihre Trostgründe und so geschah es auch; denn sie erhielten noch einen Johann und fünf Töchter, als Maria, jetzige Besitzerin am Sande, verheiratet mit Andrä Erb, Rosina, verheiratete Brühwirtin, hat das Zeitliche schon verlassen, Anna, noch ledigen Standes, hält sich als Frl. Edle v. Hofer größtenteils in Wien und Brünn auf, Gertraud, verheiratete Pfarrmeßnerin zu St. Leonhard, das fünfte Töchterlein ist schon im Jahre 1808 gestorben. Wie der Baum, so die Früchte, dieses erwies der ebenso christlich-erzogene Vater, wie die rechtschaffene Mutter an ihren Kindern.

Ihre erste Sorge war, ihnen überall mit dem Guten vorzuleuchten; in der zartesten Jugend ihnen Liebe, Ehrfurcht und Vertrauen zum lieben Vater im Himmel und zur göttlichen Mutter einzuflößen. Strenge wurde bei Annahme der vielen Dienstleute auf gute Sitten gesehen und nie durften sich die heranwachsenden Lieblinge und Hoffnung der Eltern zu den Gästen gesellen, obschon strenge Vorsorge getroffen war, daß Betrunkene, Ausgelassene durchaus nicht geduldet wurden. Bei herangerückter Schulfähigkeit sorgten Vater und Mutter, ja keine Zeit zu verlieren, um ihre Kinder fleißig zum christlichen Unterrichte ꝛc., in die Schule zu schicken, worin sich die Kinder zur Freude der Eltern und Vorgesetzten auch rühmlich auszeichneten, daher sie auch hoffnungsvoll heranwuchsen, sowie im Geiste und Herzen, auch am Körper gut gebildet, gesund und stark als echte Passeyrer und würdige Sprößlinge ihres in der Folge an Verdienst und Thaten in ganz Europa hochgeehrten Vaters.

6. Ausbruch des Unheils über Europa.

O wie glücklich wären doch die Menschen, wenn jeder seine Pflicht getreu und fleißig, in Demut und Unterthänigkeit, in reiner Nächstenliebe und wahrer Gottesfurcht erfüllte; allein das Unkraut zeigt sich auch unter dem schönen Weizen. So streute die teuflische Bosheit der Freidenkerei das Alles verderbende Unkraut der völligen Gottesvergessenheit ringsum in Frankreichs Gefilden aus, aus welchem der der Kirche und dem Staate so gefährliche Freiheitsbaum erwuchs. Schon zur Zeit wo Kaiser Josef II. der Königin von Frankreich, seiner erlauchten Schwester, einen Besuch abstattete, nahm er mit den Worten Abschied: „Ihr stehet auf einem Vulkane, dessen schrecklicher Ausbruch nahe ist". Und leider gieng seine Vorhersagung im Mai 1789 in Erfüllung, wo das Recht verkannt, die Gesetze mit Füßen getreten, das Heilige verachtet, die Altäre umgestürzt, die Tempel geschändet, ihre Diener verjagt und getödtet wurden. Unheil über Unheil brach herein, Schreckensszenen und Gräuelthaten wurden Tagesgeschichten und Tausende der Redlichsten fielen auf dem Schaffote, der Tribüne der vernichteten Gerechtigkeit. Bis 1792 wüthete diese schwarze Cholera im Inneren des von der Natur so gesegneten Frankreichs. Wie aber der Bösewicht, in seinem Laster nicht zufrieden, nur suchet auch Andere ins Verderben zu stürzen, so verbreitete das im Grunde verdorbene Frankreich sein Gift ringsum in Europa. Oesterreich, damals Frankreichs nächster Nachbar in Belgien und in den Niederlanden, konnte und wollte dem Gräuel der Verwüstung nicht länger zusehen und schritt, da Vermittlungen nichts vermochten, zu ernsten Maßregeln. Es kam zum Kriege, der erst nach 25 Jahren glorreich für Oesterreichs gerechte Sache endete. Während dieser langen Zeit hatte es mitunter schwere und harte Schicksalsschläge zu erdulden; aber nicht allein Oesterreich, das gesegnete Erbthum Habsburgs, nicht nur Deutschland, Europas Festigkeit, nicht bloß Italien, der Kirche Jesu Oberhaupts Heimat, ganz Europa, Asien und Afrika mußten Anteil nehmen an den unseligen Folgen des französischen Höllenvulkans.

7. Die Gefahr rückt näher.

Da hier nicht die Rede sein kann, von einer allgemeinen Kriegsbeschreibung, sondern nur von der Beteiligung Sandwirts an der Vertheidigung Tirols, so wird auch alles Uebrige übergangen und nur das auf Oesterreich und besonders Tirol Bezügliche erwähnt.

Gräulich sah es in Frankreich aus, so daß der König Ludwig XVI. mit seiner Familie nach Oesterreich flüchten wollte, er wurde aber leider bei der Ausführung dieses Planes in St. Menehould vom Postmeister Drouet erkannt und gezwungen, nach Paris zurückzukehren. Nun fieng das Leiden für die königliche Familie erst recht an. Um in dem wilden Chaos der Verwirrung doch einige Ordnung zu erzielen, wurde der Rath der Fünfhundert erwählt, welcher alle Gewalt an sich riß; denn was er beschloß, mußte geschehen. Weg hieß es mit der königlichen Familie, weg mit den königlich Gesinnten. Es lebe die Freiheit, war das Geschrei der Franzosen. Das Todesurteil war gefällt und der König wurde am 21. Jänner 1793 gleich dem größten Uebelthäter auf das Schaffot gebracht, wo er mit ruhigem Gemüthe, als Märtyrer für sein Volk und Vaterland, durch die Guillotine sein frommes Leben endete; ebenso ergieng es seiner Gemahlin Marie Antoinette.

So wurden noch viele Tausende hingerichtet und ihre Güter konfisziert. Unterdessen kam General Bonaparte von Aegypten nach Frankreich zurück, jagte, auf seine Militärmacht vertrauend, die vielen Regierungsherren auseinander und ließ dafür drei Konsuln (d. i. drei Männer mit der höchsten Regierungsgewalt) auf 10 Jahre wählen. Er selbst war darunter der Erste und hatte als solcher fast königliche Gewalt. Er stellte sich nun als Oberkonsul an die Spitze der Reserve-Armee, um den französischen General Massena, welcher von den Oesterreichern in Genua eingeschlossen war, zu entsetzen; zu diesem Zwecke führte er seine Soldaten über den großen St. Bernhardsberg und fiel den Oesterreichern in den Rücken und schlug selbe am 14. Juni 1799 beim Dorfe Marengo.

8. Erster Einfall der Franzosen.

So glücklich anfangs der Krieg in den Niederlanden geführt wurde, indem die österreichische Armee schon tief ins Innere von Frankreich vorgedrungen war, ebenso unglücklich waren die späteren Kriege; denn vom Rhein und aus Italien hörte man gewöhnlich nur von Verlusten und ständigen Retiraden der Oesterreicher. Nach der Einnahme Genuas und nach mehreren gewonnenen Gefechten verdrängte Bonaparte die Oesterreicher aus Piemont und rückte so vor, daß sich die österreichischen Truppen bis an den Gardasee zurückziehen mußten, was sich im Frühjahre und Sommer 1796 ereignete. Die erste Kunde davon verbreitete in Tirol solch panischen Schrecken, als wären die Feinde schon mitten im Lande. Gemäß des Aufgebotes Sr. k. k. Majestät und laut bestehender Landes-Ordnung eilten die Schützen kompagnienweise aus dem südlichen Tirol an die wälschen Grenzen, Gardasee, Montebaldo 2c. Im Juli übernahm der berühmte General Wurmser das Kommando der österreichisch-italienischen Armee, entsetzte Mantua und drang in die Lombardei vor. Allein im August wurden die Oesterreicher bis Rovereto und im September bis Salurn zurückgeschlagen, zu gleicher Zeit stand auch der nördliche Teil Tirols in Gefahr, indem die französische Rheinarmee bis an die schwäbisch=

bayerischen Grenzen an der Tirolerseite vorgedrungen war, doch zog sich diese nach dem Siege des Erzherzogs Karl bei Würzburg zurück, daher sämmtliche Streitkräfte nach den wälschen Confinen gezogen wurden, wozu auch frische Truppen aus Oesterreich um so nothwendiger ankamen, als die frühern teils zusammengeschmolzen waren und Wurmser sich mit 20.000 Mann in die Festung Mantua geworfen hatte.

Nonsbergs Grenzen wurden diesesmal den Passeyrern anvertraut, wohin sie sich auch nach dem ersten Rufe unter Anführung ihrer Offiziere eiligst begaben; diese waren: Andreas Hofer, Sandwirt, Vitus Neurauter, Oberschreiber beim Landgerichte, Johann Holzknecht, Stroblwirt, Josef Thaler, Hasler, Georg Oberprantacher, Josef Grabmayr, Johann Siller, Balthasar Gufler, Johann Schifer, Georg Holzeisen u. s. w., welche abwechselnd den ganzen Sommer den Tonalpaß besetzt hielten und bis zum November wenig zu thun hatten; Loudon, Neffe des weltberühmten Generals Loudon, kommandirte auf dem Nonsberge, wo er die eingefallenen Franzosen angriff und sie über die Grenzen hinauswarf, womit für dieses Jahr jede Gefahr für das Vaterland beseitigt war.

9. Zweiter Einfall der Franzosen.

Kaum hatte das Jahr 1796 geendet, verdoppelte sich im Jahre 1797 die Gefahr aufs neue. Nachdem General Alvinzi bei Bassano 12.000 und Wurmser bei einem Ausfalle aus Mantua 13.000 Mann verloren hatte, drangen die Franzosen eilig über Riva bis Trient vor. Die Gefahr des Vaterlandes war groß und wurde noch größer, als die faſt unbezwingbare Feſtung Mantua am 2. Februar durch Uebergabe in die Hände der Feinde gerieth. Neuer Schrecken mit dem allgemeinen Aufgebote verbreitete ſich mit Blitzesſchnelle durchs ganze Land. Alles griff zu den Waffen, weſſen Gattung ſie auch immer ſein mochten, Senſen, Dreſchflegel, Heugabeln, Beile und Aexte unter Stutzen und Flinten jeder Art waren die Vertheidigungswaffen des Volkes, das unter Pfeifen und Trommelſchlag zuſammen= ſtrömte. Die Bereitwilligkeit der getreuen Unter= thanen, Blut und Leben für Fürſt und Vaterland mit Freuden zu opfern, ſprach ſich zu laut aus, daß die drei ſich in Tirol befindlichen Generale Loudon, Spork und Kerpen, welche bereits den Auftrag hatten, ſich übers Puſterthal, Kufſtein und Vorarlberg zurückzuziehen, unter Gottes Beiſtand und mit Hilfe des Landſturmes Hoffnung faßten, den Feind zu vertreiben; ſie ergriffen die Offenſive und nicht ohne guten Erfolg, während Graf Lehrbach, öſterreichiſcher Hofkommiſſär, mit Muth und weiſer Umſicht die Vertheidigungs= anſtalten zu Innsbruck eifrigſt betrieb. Die Franzoſen rückten indeſſen am 23. April zu Bozen, am 24. zu Brixen ein, hielten die Landſtraßen und Ebenen beſetzt, wagten ſich aber nicht auf die Gebirge, welche die Landesverteidiger als geübte Bergſteiger beſetzt hielten. General Loudon ſah ſich in Meran von einem zahlreichen Land= ſturm umgeben, der ſein ganzes Vertrauen auf ihn ſetzte, denn ſchon am Nonsberge gewann er durch ſeine Herablaſſung und Freundlichkeit das Ver= trauen der Tiroler in einem hohen Grade. So gut es Zeit und Umſtände erlaubten, organiſierte er zu Meran das k. k. Militär, die bewaffneten

Bauern und machte 2 Abteilungen; eine schickte er auf der Landstraße gegen Bozen, von wo die Franzosen ihre Vorposten bis zum Lausbichl ausgestellt hatten, mit der anderen Abteilung zog er über Hafling, Mölten, Jenesien gegen Bozen vor. Der kommandierende General der Franzosen, Joubert, vermuthete einen Angriff und traf alle Anstalten zum Empfange. Es kam auch an den Vorbergen des Gunschna, bei St. Georg im Sande und bei Bozen zum Gefechte, das von Morgens bis Abends mit größter Erbitterung dauerte. Merkwürdig ist dabei, daß ein französischer Offizier zu Pferde, gerade an der Talfer vor der damals gedrellten Brücke, als er eben das Mittagessen einnehmen wollte, aus dem weit entfernten Gebirge von einer Kugel getroffen, vom Pferde stürzte. Lange blieb das Treffen unentschieden, doch die französische Uebermacht, vom groben Geschütze unterstützt, siegte; die Berghöhen wurden erklommen und Loudon mußte sich zurückziehen. Angst und Furcht ergriff unsere Leute, Alles wollte davon eilen, ein Teil that es auch. Mit aufgehobenen Händen habe der Sandwirt den General Loudon gebeten, das äußerste zu thun, was er auch wirklich that, wie es die Folge zeigte. Mit ausgespannten Armen soll sich der Sandwirt den Fliehenden in den Weg gestellt haben, um sie von der schändlichen Flucht ab und zum Muthe und neuen Kampfe anzuhalten. Anton Lamprecht, einer der Tapfersten aus Passeyer, eilte mit noch einem Vertrauten in aller Eile zurück und ordnete auf höheren Befehl in allen Kirchthürmen das Sturmläuten an; was nur konnte, brach eiligst auf und stieß zu Loudon und nun begann aufs neue der Kampf, in welchem die Feinde geschlagen wurden und sich nach Bozen zurückzogen, das sie in aller Stille in der Nacht vom 3. auf 4. April verließen, sich nach Brixen und durchs Pusterthal zurückzogen, um sich mit der Hauptarmee in Kärnten zu vereinigen, da Bonaparte durchs Venediger Gebiet bereits bis dahin vorgerückt war. Loudon rückte am 4. April unter allgemeinem Jubel in Bozen ein, verfolgte den Feind bis Brixen, wo auch General Kerpen aus Sterzing eintraf, dessen Truppen die Höhen um Meransen, Brixener Klause, Spinges ober Mühlbach besetzt hielten und dem Feinde beim letzteren Orte eine sehr empfindliche Schlappe beibrachten. General Kerpen verfolgte die Franzosen bis Lienz und so war Tirol auf 14 Tage von diesen ungeladenen Gästen frei. Am 18. April schloß Bonaparte zu Leoben einen Waffenstillstand und schlug die Friedens-Präliminarien vor, worauf am 11. Oktober der definitive Friede zu Campoformio in Friaul erfolgte; bis dorthin besetzten die Franzosen die Grenzen Tirols, Venedig und die Schweiz.

10. Dritter Einfall der Franzosen.

Als Bonaparte erster Consul geworden war, kündete er Oesterreich gleich wieder den Krieg an. Mit neuem Muthe drangen die Franzosen überall vor. General Massena fiel durch die Schweiz und Graubündten bei Taufers und Martinsbruck ins Vintschgau und Innthal ein, indem er das österreichische Militär zur Nachtzeit überrumpelte, selbes gefangen nahm und dessen Gewehre zertrümmerte. Eiligst mußte sich Loudon durchs Langtaufererthal über ein Joch flüchten, wo es, wie natürlich im Winter, einen sehr großen Schnee hatte, den er nicht zu übersteigen vermochte, daher er von Andrä Gufler aus Platt in Passeyer hinübergetragen wurde. Ein anderer Passeyrer, Georg Heel, rettete eine Kanone, indem er sie auf seinen Schultern übers Joch trug. Wie reißende Wölfe tappten die Franzosen nun in Obervintschgau umher, plünderten alles; das Kloster Marienberg hatte nicht ein ganzes Fenster mehr, noch weniger etwas Anderes. Der Markt Mals und das Städtchen Glurns wurden ganz, Schluderns zum Teile niedergebrannt, im letzteren Orte wurde auch der Tabernakel erbrochen, die hl. Hostien auf den Boden geworfen und mit Füßen getreten, auch ein Priester getödtet. Doch eine solche Bosheit kann nicht siegen. Während diese Gräuelthaten vom 16. bis 25. März verübt wurden, zogen die Schützenkompagnien, meist 300 Mann stark, aus dem Etschlande, Passeyer, Innthale u. s. w. gegen Vintschgau. General Loudon erhielt neue Verstärkung und auch Kavallerie. Muthig wurde vom Etschlande und Innthale vorgerückt und der Feind hart in die Enge getrieben. Unterdessen erfocht General Kray bei Verona und Erzherzog Karl bei Pfulndorf in Schwaben glänzende Siege. Lecurbe machte sich aus dem Staube, wurde aber zu Berg und Thal verfolgt und verlor noch jenseits des Tschierfser- und Scarljoches viele Mannschaft. Bei den 3 Passeyrer-Kompagnien waren Hauptleute: Johann Hofer zu Thurmfeld, der jetzige Schloßhauptmann von Tirol, Johann Holzknecht, gewesener Stroblwirt, Johann Vitus Neurauter; Oberlieutenants: Johann Lanthaler, Josef Thaler und Andrä Gögele. Bei allen Auszügen erhielten die Hauptleute Offiziersgage und der gemeine Mann täglich 30 kr. Allen, welche im Jahre 1797 an der Landesvertheidigung wirklichen Anteil genommen haben, ließen Se. k. k. Majestät Franz I. silberne und nach Verdienst auch goldene Ehrenmedaillen austeilen und erließ den Steuerpflichtigen auf ein Jahr die Ordinaristeuer. Die schuldigsten Dankgebete zu Gott, der göttlichen Mutter, für den Kaiser und das wiedergerettete Vaterland stiegen überall frohlockend empor und Alles hoffte den sehnlichsten Frieden.

11. Tirols vierte Gefahr.

Es schien nun alle Gefahr vorüber zu sein, umsomehr als unterdessen die russischen Hilfstruppen unter Anführung des hochberühmten Generals Suwarow angekommen waren, welche die Lombardei, Oesterreich und die östliche Schweiz besetzten. Allein die stolze Habsucht, mit nichts zufrieden, läßt auch den ruhigsten Nachbar nicht in Frieden.

Oesterreichs weltbekannte Gerechtigkeitsliebe, weit entfernt auf Eroberungen auszugehen, strebte nur den Frieden zum Wole der getreuen Unterthanen herzustellen und ihn rühmlich in Europa zu erhalten. Aber nicht so dachte der stolze Konsul der sich groß nennenden Nation. Schon im März 1800 rückten die Franzosen gegen Vorarlberg und im Juni in Bayern vor und fielen im Juli bei Reutte in Tirol ein, wo sie dann wegen des Waffenstillstandes Halt machten, der am 20. besagten Monates zu Stande kam, aber nur bis zur Hälfte des Novembers dauerte, während welcher Zeit Reutte und Riva in den Händen der Franzosen blieben. Auch bei der wälschen Armee trat nach der entscheidenden Schlacht von Marengo am 14. Juli Waffenstillstand ein, der bis zum Dezember dauerte.

Diese Waffenruhe war in Wahrheit nur eine Zeitfrist, um neue Streitkräfte zu sammeln, damit die Feindseligkeiten desto wüthender um sich greifen konnten. Kaum begannen diese wieder, geschah am 3. Dezember bei Hohenlinden in Schwaben jene entscheidende Schlacht, welche die Franzosen bis zur Enns in Oesterreich vorrücken ließ, während auch bei Bassano die Franzosen standen, und nun war die Lage nicht nur Tirols, sondern von ganz Oesterreich mißlicher als je und Tirol ohne Militär. Nichts blieb unserem allergeliebtesten Kaiser übrig, als einen raschen Waffenstillstand abzuschließen, der leider für Tirol schmerzliche Bedingnisse enthielt, nemlich, daß es den Franzosen unter Belassung der ganzen bisherigen Verfassung zur Besetzung überlassen werden müsse. Schrecklicher Gedanke, hartes Schicksal! Der äußerst bestürzte Vater des Vaterlandes, der unvergeßliche, gute Kaiser Franz I., konnte selbst für sein innigstgeliebtes Tirol in seiner Entfernung nichts mehr thun, als seine in der Seele treuen Kinder auf bessere Zeiten vertröstend, dringendlichst zur Ruhe und Ergebenheit zu ermahnen, was sie auch treulich erfüllten.

Die Besetzung Tirols mit französischen Truppen gieng daher im Jahre 1801 in größter Ordnung vor sich. Nicht so benahm sich Macdonald von der italienischen Seite her. Feindlich rückte er in Rovereto ein und drang bis Bozen vor. Doch die Mißverständnisse wurden bald geschlichtet.

Indessen kam der Friede von Luneville am 9. Februar 1801 zu Stande, wobei das Beste gewesen wäre, wenn er nur von langer Dauer gewesen wäre. Die Franzosen zogen sich ruhig hinter ihre Grenzen, Etsch und Rhein, zurück, während Oesterreichs Truppen unter Jubelgeschrei einrückten. Der allgeliebte Prinz Johann verweilte im Lande, besah sich Alles und ordnete Alles an, was zur weiteren Vertheidigung nützlich und vorteilhaft sein konnte. Die Landmiliz wurde errichtet, jedoch nicht ohne Schwierigkeit. Herr Johann Vitus Neurauter wurde in Passeyer Oberlieutenant und Herr v. Spreng aus Brixen Hauptmann. Volle Ruhe trat nun ein und die tiefgeschlagenen Wunden heilten wieder; doch Narben des Andenkens und Besorgnisse des Wiederaufreißens wechselten im redlichen Herzen der biedern Tiroler und so der unbefangenen, kernfesten Passeyrer, die aus dem Herzen des Landes auch mit ganzem Herzen unzertrennlich an dem allgeliebten Kaiser hiengen.

12. Vierter Einfall der Franzosen.

Während der erst verflossenen friedlichen Zeit säkularisierte Oesterreich zum Ersatze der so vielen im Auslande verlorenen Besitzungen die bisherigen Fürstenthümer Trient und Brixen.

Die Schweiz hatte sich indessen im Jahre 1802 in den Schutz der Franzosen geworfen und Bonaparte ward im Jahre 1804 zum Kaiser von Frankreich gekrönt, worauf er sich zum Beschützer des rheinischen und Vermittler des Schweizerbundes aufwarf, aus welcher Ursache sich auch Kaiser Franz I. von seinen Ländern (Ständen) zum Erbkaiser von Oesterreich erklären ließ, weßhalb er mit 1806, wo er die römische Kaiserwürde niederlegte, sich Kaiser und König unterzeichnete.

Im August 1805 kam viel österreichisches Militär nach Tirol. Im September kündete

Kaiser Franz den Franzosen den Krieg an. Erzherzog Johann kam als Chef der Truppen nach Innsbruck, indem das Land Tirol an seinen Schweizer- und italienischen Grenzen das Kriegstheater zu werden schien. Trient wurde befestigt und wirklich zogen schon Landesmiliz-Kompagnien gegen Graubündten und zum Gardasee. Allein auch diesmal war das Kriegsglück Oesterreich abhold, indem es bei Ulm am 15. Oktober ungeheuren Schaden erlitt, wodurch Tirol in augenscheinliche Gefahr gerieth. Gleich wurden die Grenzpässe besetzt, der Brenner verschanzt, kurz Alles geschah, um den Feind nach Tirolersitte empfangen zu können. Allein Kaiser Napoleon, gewohnt nach dem Großen zu haschen, überzeugt, daß ihm das Kleine von selbst zufalle, drang mit Blitzesschnelle ins Innere von Oesterreich. Erzherzog Johann zog auf höheren Befehl mit allem Militär aus dem Lande, gab sich aber vorher alle Mühe, die Tiroler zur Ruhe und Niederlegung der Waffen zu bereden; deßhalb fielen auch nur zwei Gefechte von Bedeutung vor, das erste Ende Oktober mit den Bayern beim Passe Strub, das zweite in den ersten Tagen des November mit den Franzosen bei Scharnitz, jener Festung, welche die Herzogin Claudia zur Zeit des Schwedenkrieges erbauen ließ. Die Franzosen umgiengen durch einen unbesetzten Seitensteg den Paß und die schwache Landmiliz, welche sich ergeben mußte, worauf die Franzosen auch den Ort Scharnitz in Brand steckten. Während dieses Gefechtes verließ Erzherzog Johann Innsbruck und begab sich über den Brenner und durch das Pusterthal nach Oesterreich zurück. Die Franzosen rückten am 5. November in Innsbruck ein, worauf sie nach und nach das ganze Land besetzten. Nur zwischen Sterzing und Brixen wollten sich einige Bergbewohner widersetzen, doch ließen sie sich bald durch vernünftige Vorstellungen zur Ruhe bringen. Ein österreichisches Corps, das in Vorarlberg stand, wurde durch den ersten Vormarsch der Franzosen in's Tirol abgeschnitten, wovon eine Abteilung unter dem General Prinz Rohan es versuchte, sich durch Tirol durchzuschlagen und in Friaul den Erzherzog Johann zu erreichen. Der Versuch war gewagt, verursachte in Bozen viel Unheil und Prinz Rohan mit seiner Mannschaft fiel an der italienischen Grenze in die Hände der Feinde. Zu Bozen kam er über Meran am 17. November an. Zu Gries entspann sich gleich ein Vorposten=Gefecht. Die Franzosen retirierten durch die Stadt, wo es beiderseits einige Todte gab; auch ein im Sternwirtshause zum Fenster herausschauender Fuhrmann bekam eine Kugel durch den Kopf. Am hohen Wege bei Rentsch geschah das letzte Gefecht mit der Nachtruppe der Franzosen, welche sich gegen Brixen zogen.

General Rohan verließ am nächsten Morgen Bozen und nahm seinen Marsch über Neumarkt, worauf die Franzosen aber nicht mehr als Freunde, sondern rachesschnaubend zurückkamen, da sie in Erfahrung gebracht, daß selbst aus Häusern auf sie geschossen worden war, daher ihre Wuth nur durch Geld, um das Plündern zu verhüten, gedämpft werden konnte.

Im Dezember ließ Napoleon seine Armee in Tirol vom bayerischen Militär ablösen, da er bei sich Tirols Schicksal schon bestimmt hatte, wie es sich beim Friedensschlusse zu Preßburg am 26. Dezember erwies.

13. Tirol kommt an Bayern.

In Gemäßheit dieses Friedensschlusses wurde Tirol, jedoch laut des 8. Artikels unter Belassung der alten Rechte und Verfassungen, förmlich an das neue Königreich Bayern abgetreten. Als hievon die vier Landstände Kunde erhielten und der König Maximilian Josef am 22. Jänner 1806 das Besitzergreifungs=Patent ausgefertigt hatte, schickten sie Deputierte nach München, das Land dem neuen Fürsten unterthänigst zu empfehlen, von dem sie huldreichst mit dem Versprechen aufgenommen wurden, daß kein Jota an der bisherigen Verfassung geändert werden solle.

Am 11. Februar gieng dann die feierliche Besitzergreifung vor sich. Tirol verlor somit seinen alten Herrn — das Haus Oesterreich — dem es mittel= oder unmittelbar seit 1363 in innigster Treue, also durch 443 Jahre unterthänig gewesen war, und kam nun wieder an die Bojaren, denen es nach Vertreibung der Römer, bis gegen Ende des VII. Jahrhunderts, also zur Zeit Karls des Großen, mit Ausnahme des Herzogthums Trient, angehört hatte, und seit Kaiser Karl dem Großen unter eigenen Fürsten bis ins XII. Jahrhundert unter den deutschen Kaisern stand. Der tiefbetrübte Kaiser Franz I. beurlaubte sich vom Lande Tirol durch ein eigenes Handbillet, worin er seinen Schmerz über den Verlust Tirols und seine Verwendung, daß dem Lande die alte Verfassung erhalten bleibe, ausdrückte.

14. Tirol unter Bayern.

Bayern setzte sofort die Bankzettel, womit Tirol überschwemmt war, außer Kurs, ließ aber alles Uebrige bis zum Herbst 1807 im alten Gange, worauf nun Veränderung auf Veränderung folgte.

a) Im Studienfache: 1807 wurde das theologische Studium zu Brixen, die Gymnasien zu Rovereto, Bozen, Lienz und Hall, 1808 das zu Meran aufgehoben, die übrigen drei, sowie die Universität in Innsbruck, sammt den Trivial- und Normalschulen wurden neu organisiert und beinahe monatlich mit anderen Vorschriften versehen; Bozen erhielt statt des Gymnasiums eine Realschule.

b) In Kirchensachen: In Besetzung der Pfründen, Verwaltung der Kirchengüter und milder Stiftungen wurde eine neue Ordnung mit aller Strenge eingeführt. Von der Geistlichkeit wurde unbedingter Gehorsam gefordert. Als zu dem Endzwecke die Landesbischöfe nach Innsbruck berufen wurden, um dieses Verlangen zu erfüllen, erklärten selbe offen und enschieden, dies nicht thun zu können. Darauf wurde der Fürstbischof von Trient, Graf Emanuel Thun, nach Salzburg, der Bischof von Chur, Baron Rudolf Buol von Schauenstein, über die Grenze in die Schweiz verwiesen. Der Fürstbischof von Brixen, Graf Karl Franz v. Lodron, wurde seines hohen Alters wegen in Brixen gelassen. So ergieng es auch den Welt- und Ordenspriestern und besonders den Kapuzinern, welche auf Leiterwägen unter dem Jammer des gutherzigen Volkes nach Altöttingen, ins schändlich genannte Krepirhaus abgeführt wurden; unter diesen befand sich P. Benedikt Peintner, Guardian zu Meran und P. Albert Complojer, Pfarrprediger zu Bozen. Die Benedictiner von St. Martin, Platt und Meran wurden ins Kloster Fiecht verwiesen am 9. August 1808; in St. Martin wurde Herr Mathias Hermetter als Pfarrer angestellt, der aber keine bischöfliche Gewalt hatte, es entstand nun ein Elend, dergleichen nur bei den Religionskriegen denkbar ist. Dieser Zustand dauerte bis zum 7. September, wo der Fürstbischof von Brixen den Anteil der Churer-Diözese in Tirol und Vorarlberg übernahm und einen Vikar nach Meran stellte.

c) In politischen Dingen: Sämmtliche Prälaturen im Lande, sowie die Kapuzinerklöster zu Meran, Schlanders 2c. wurden aufgehoben und die Landschaft wurde 1808 vollständig aufgelöst und Tirol selbst in drei Kreise geteilt, nämlich Inn-, Eisack- und Etschkreis, daher nach Innsbruck, Brixen und Trient Kreiskommissäre kamen, der Name Tirol wurde nicht mehr geschrieben, doch die Eingebornen blieben im echten Sinne die Alten.

Der Geschäftsgang wurde geändert, das Land mit neuen Steuern und Auflagen beschwert, im Jahre 1809 auch die Conscription eingeführt und so das heilige Versprechen nicht gehalten.

Durch diese Vorgänge machte sich der König, respective dessen Regierung, sowie durch das unkluge Benehmen mancher unvorsichtiger Beamten, die an Treue gewohnten neuen Unterthanen abgeneigt, das Zutrauen erlosch und die Rückerinnerung an das Haus Oesterreich und an den besten der Regenten, Franz I., erwachte mit jedem Morgen stärker. Daher geschah es, daß gar Manche, wie gute Kinder zu ihrem Vater eilten, mit Schluchzen ihm ihr Anliegen vortrugen, wobei Kaiser Franzens edles Herz natürlich nicht ungerührt blieb.

15. Der Tiroler Krieg im Jahre 1809.

Oesterreich benützte das Mißvergnügen seiner alttreuen Tiroler, um dieselben durch geheime Agenten vorzubereiten, das ihnen verhaßte Fremdenjoch abzuschütteln. Besonders war es Andreas Hofer, der Sandwirt von Passeyer, und der Major Teimer, welche in Süd= und Nord= tirol durch Vertraute im Stillen Alles zur Er= hebung vorbereiteten, welche dann auch am 8. April erfolgte. Sandwirts Vertrauteste waren genannter Major Teimer, Major Eisenstecken, Herr Nessing in Bozen und Herr von Morandell in Kaltern. Einer der ausgezeichnetsten An= führer war auch Josef Speckbacher von Rinn. Da Bayern Alles that, wodurch sich Tirols Ab= neigung vermehren mußte, Oesterreich sich jedoch alle Mühe gab, die Herzen seiner alten Unter= thanen zu gewinnen, so darf man sich auch nicht wundern und es dem Lande nicht so sehr zur Last legen, wenn es die österreichische Partei er= griff. Sandwirt war schon bei den früheren Landesvertheidigungen und dann selbst in seinem Wirtshause mit Erzherzog Johann bekannt, ja vertraut geworden. Sein vorerwähnter Pferde= handel deckte seine Reise über Salzburg im Jahre 1807 und 1809 nach Wien, wo er im Vertrauen so stieg, daß ihm die geheime Organisierung zum Aufstande bei Annäherung der österreichischen Truppen anvertraut und auf= getragen wurde, wie er auch den Erwartungen, die man auf ihn setzte, mit Ruhm entsprach. Die Bayern schienen jedoch etwas zu wittern, wie sie auch wegen ihrer wortbrüchigen Regierung Ursache haben mochten, daher besetzten sie vom 6. April an im Innthale und Pusterthale alle bedeutenderen

Dörfer und hielten sich bereit, sogar die wichtigsten Brücken abzutragen, wodurch sie gleichsam selbst das Signal zum Aufbruche gaben. Am 9. April machte Sandwirt das eigene Handschreiben des Kaisers und seine Ernennung zum Oberkommandanten dem Volke und den Gerichten durch eigene Boten bekannt und forderte im Namen des Kaisers Alle auf, freiwillig zur Vertheidigung des Landes mitzuwirken. Aus jedem Hause in Passeyer gingen 2 bis 3 Mann. Am 10., 11. und 12. April wurde das bayerische Militär im Innthale, Vintschgau und Pusterthale und am Eisack und zwar fast ohne Schwertstreich und Schuß, ohne Mißhandlung, vom Landvolke entwaffnet und gefangen genommen.

Schon am 10. April zog Hofer mit seinen Passeyrern über den Jaufen nach Sterzing, wo es zum ersten Gefechte kam; hier bediente sich Hofer des originellen Einfalls, statt Schanzen aufwerfen, Heufuder vorführen zu lassen, hinter welchen die Seinen Deckung fanden, und unter steter Vorrückung dem Feinde näher kamen; die Bayern flohen teils über den Brenner nach Innsbruck, teils wurden sie gefangen genommen. Hofer rückte ihnen auf dem Fuße nach; in Innsbruck hatte sich die bayerische Hauptmacht, welche auch mit grobem Geschütze versehen war, concentriert. Die Bauern besetzten alle Anhöhen um den Berg Isel bis gegen Zirl hinauf, während das bayerische Militär in Schlachtordnung gegen Wilten vorrückte, am 12. begann die blutige Schlacht am Berg Isel, welche am 13. damit endete, daß die Bayern und Franzosen entweder niedergemacht oder gefangen wurden; ihr Verlust betrug 8000 Mann. Die gefährlichsten Beamten wurden überall gleich in Verwahrung gebracht und dann auf Oesterreichs Befehl nach Ungarn transportiert; unter ihnen befand sich auch der bayerische Kommissär von Brixen, der Herr von Hofstetten.

16. Die Oesterreicher kommen nach Tirol.

Die Grenze bei Lienz erreichten die österreichischen Soldaten am 11., die des Unterinnthals über Pinzgau und Zillerthal am 13. April und sie hatten, da die Schlacht am Berg Isel schon geschlagen war, nur mehr die Gefangenen zu überwachen. General Chasteler zog am 15. als Kommandirender in Innsbruck und Herr v. Hormayr am 16. April zu Bozen feierlich ein, die Landstände wurden wieder hergestellt; viel Militär sollte nachkommen, doch waren es etwa blos 10.000 Mann, die überall verteilt wurden, hauptsächlich aber nach Trient vorrückten, um die dort unter General Baraguay d'Hillier stehenden Franzosen aus dem Lande zu vertreiben, was nach mehreren hitzigen Gefechten besonders bei Calliano glücklich gelang, jedoch mit einem Verluste von 1000 Mann. Um wie viel mehr mag der geschlagene Feind verloren haben!

Nun war Tirol wieder Tirol, im Innern frei von allen Feinden, allein nicht so von außen; denn Tirol war nur ein Seitenstück des vom adriatischen Meere bis zur böhmischen Grenze in vollen Flammen stehenden ausgedehnten Kriegsschauplatzes.

17. Tirols neue Gefahr.

Nach der unglücklichen Schlacht bei Eckmühl am 20. April war Napoleon im Fluge bis Wien

vorgedrungen, wo er aber bei Aspern so harte
Nüsse aufzuknacken bekam, daß er sicher verloren
gewesen wäre, hätte er nicht in Eile frische
bayerische Truppen bekommen. Schlechter als je
war wieder die Lage Tirols, vom Süden, Osten
und Norden war es von Feinden umrungen. Die
erste Gefahr drohte von Bayern, von wo schreckliche
Stimmen der Rache ertönten, denn das Blut
ihrer Gefallenen rauchte noch. Am 11. Mai
überrumpelte wirklich ein bayerisches Heer von
30.000 Mann unter Anführung des Marschalls
Lefebre und des Generals Wrede den vernach=
lässigten Paß Strub und schlug am 13. Mai bei
Wörgl den kommandierenden General Chasteler,
der sich dann über den Brenner durchs Pusterthal
nach Kärnten zog und nur etwa 1000 Mann
unter General Baron von Buol zurückließ, wo=
durch das ganze Land Tirol in tiefe Nieder=
geschlagenheit versenkt wurde. Die Bayern ver=
heerten nun, von Rache erfüllt, das ganze Unter=
innthal, plünderten und zündeten 4 Dörfer an,
ebenso den Markt Schwaz, der bei 6000 Ein=
wohner zählte. Unbeschreiblich war der Jammer in
Schwaz, und Schrecken verbreitete sich nah und ferne.
Am 19. Mai zogen die Bayern in Innsbruck ein.
Größer denn je war die Gefahr, welche unbarmherzig
das Land dem Verderben preisgab. Doch Gott
verläßt die Seinen nicht. Sandwirt hatte Muth
und Vertrauen genug, auch in der größten Ge=
fahr unter Gottes Beistande und mit Hilfe seiner
getreuen Landesvertheidiger alle Mittel zu er=
greifen, um es mit dem erbitterten Feinde auf=
nehmen zu können. Alles wurde aufgeboten, der
Kampf schien ernst zu werden. Sandwirt wählte
sich Herrn Johann Holzknecht, Stroblwirt zu

St. Leonhard in Passeyer, einen sehr klugen und festen Mann, zu seinem Adjutanten, wie auch die Hauptleute Johann und Peter Hofer zu St. Leonhard, Josef Gusler, seinen Schwager, Steinhäuser zu St. Martin, und von eben dort den Georg Laner, Salztrager Jörg genannt, die ihm bis zur Niederlegung der Waffen durchwegs und sehr treu dienten, dann aber ihren erworbenen Ruhm durch Eigenmächtigkeiten und Zwang, den sie dem Sandwirt zur Wiederergreifung der Waffen anthaten, gänzlich verdunkelten.

Kapuziner Joachim Haspinger wurde Feldpater und dann später Selbstanführer unter dem Namen Rothbart.

Vom Wippthale, Passeyer, vom Etschlande, Vintschgau u. s. w., rückten die Sturmmassen gegen den Berg Isel, die vom Oberinnthale gegen Zirl vor. Gleich anfangs hatte indessen der Oberkommandant die Ordonnanzen wohlweise eingerichtet und zwar von Trient über Meran, durch Passeyer, (wo Josef Thaler während der ganzen Kriegsdauer die Leitung führte und so mit Allem genau bekannt wurde, auch Aufträge erhielt, z. B. zu St. Martin den von den Bayern hingestellten Pfarrer Hermetter zu bewachen u. s. w., wobei er überall durch sein kluges Benehmen, mit Beobachtung des Anstandes, seine Pflicht aufs Genaueste erfüllte und die Befehle befolgte und sich so nicht blos das Zutrauen Hofers, sondern aller Rechtlichen in hohem Grade erwarb) über den Jaufen bis Innsbruck. Am 25. bis 29. Mai kam es am Berg Isel zu äußerst hartnäckigen Gefechten, wobei sich die Passeyrer besonders auszeichneten. Die Meraner verloren ihren geliebten Hauptmann den Grafen von Stachelburg, den letzten dieses

Namens und Stammes. Auch dieses Mal zogen die Bayern den Kürzeren und zogen sich am 30. Mai, um nicht das Schicksal vom 12. und 13. April zu teilen, in aller Stille durchs Unterinnthal davon, worauf Nordtirol wieder frei war. Sandwirt veranstaltete sogleich eine allgemeine Sammlung für die unglücklichen Schwazer, die sehr ausgiebig war, aber aus Habsucht nicht vollständig denselben zufloß.

In Südtirol waren indessen die Franzosen eingefallen und Ende Mai bis Trient vorgerückt, hatten es aber im Juni wieder verlassen.

Nicht unbenützt wurde die Zeit gelassen, um weitere Maßregeln zu einer neuerlichen Vertheidigung zu treffen. Sandwirt that indessen das Seinige als Oberkommandant der Tiroler, um sie auf neue Angriffe vorzubereiten. Baron v. Hormayr setzte sich zu Innsbruck, Baron v. Buol zu Brixen und Graf v. Leiningen, Oberstlieutenant, zu Trient fest, wo er das Kastell, die fürstbischöfliche Residenz in brauchbaren Vertheidigungszustand versetzte.

18. Zweiter Einfall der Bayern.

Da Kaiser Franz I., dem Tirol gar sehr am Herzen lag, erst versichert hatte, daß er ohne Tirol zu behalten nie Frieden schließen werde, so wollte auch Niemand im Lande an einen Waffenstillstand glauben, der indessen doch am 12. Juli abgeschlossen war und zwar mit dem Erklären, daß Tirol ohne alle Klauseln dem Napoleon und den Bayern bis zum Friedensschlusse übergeben sei. Weder das Militär noch die Schützen zogen daher von ihren Posten ab, bis nicht die Bayern unter Marschall Lefebre mit 24.000 Mann, worunter viele Sachsen waren, neuerdings einfielen und am 30. Juli Innsbruck besetzten. Nachdem man sich jedoch indessen alle Mühe gegeben hatte, das Landvolk vom Waffenstillstande zu überzeugen und solches mit vieler Mühe auch zur Niederlegung der Waffen bewogen ward, so geschah dieser Einmarsch ohne Hauptexzesse, obgleich einzelne Bayern Rache übten. Sogleich ergieng der Auftrag, bei Todesstrafe die Waffen einzuliefern, was aber nicht erreicht wurde. Die Bayern breiteten sich von Innsbruck aus ins Oberinnthal und über den Brenner aus. Den ersten Widerstand fanden sie bei Prutz und an der Brixner Klause am 4. und 5. August. An beiden Orten hatten sich etwa bei 400 Bauern auf den Anhöhen verborgen gehalten und bedienten die vorbeiziehenden Truppen mit abrollenden Steinen dermaßen, daß ihr Marsch ganz gehindert wurde.

An der Brixener Klause wurden mehrere, darunter sehr viele Sachsen, zu Gefangenen gemacht, die überall herum verteilt und gut behandelt wurden. Im Oberinnthale mußte sich am 9. August ein bayerisches Heer von 500 Mann Infanterie, 140 Mann Kavallerie und mit 2 Kanonen bei der Pontlatzerbrücke an die Tiroler ergeben. Vom 11. bis 14. August kam es am Berg Isel und bei der Gallwiese zu hitzigen Gefechten, die ebenfalls zum Nachteile der Bayern ausfielen, weßhalb sie, wie beim Rückzuge von Sterzing am Brenner, so auch um Innsbruck viele Gebäude und Höfe in Brand steckten, worauf sie mit großem Verluste in der Nacht vom 14. auf 15. August Innsbruck verließen und auf dem Marsche zwischen Hall und

Schwaz viele Brandschäden verursachten, worauf Lefebre am 17. August durchs Unterinnthal Tirol verlassen mußte. Zu gleicher Zeit wollte ein französisches Corps aus Kärnten Pusterthal besetzen, wurde aber unter Sillian zurückgewiesen und verbrannte aus Rache mehrere Dörfer um Lienz.

19. Sandwirts Verwaltung.

Schon beim zweiten Einfall der Bayern zogen sich alle Oesterreicher aus dem Lande. Sandwirt kommandierte daher allein und war für jetzt glücklich. Er zog am 15. August mit seinen Leuten in Innsbruck ein und übernahm im Namen des Kaisers die Leitung der Administrations- und Defensions-Angelegenheiten, wohnte nun in der kaiserlichen Burg und ließ sich das Wohl des Vaterlandes aufs nachdrücklichste angelegen sein. Alle politischen und militärischen Geschäfte, welche die Landschaft für nothwendig fand zu betreiben, leitete er im beständigen Beisein seines gerühmten Adjutanten Johann Holzknecht so, daß er durch sein Ansehen und großes Zutrauen Alles in bester Ordnung hielt, wobei er seine Gewalt so ohne alle Herrschsucht mit angeborener Mäßigung, mit natürlichem Verstande wohlbegabt, ohne Leidenschaft, wie ein guter Vater unter seinen Kindern ausübte, und lebte so, daß er die Harmonie zwischen Adel, Bürger und Bauer enger knüpfte und dadurch väterliche Klugheit, mit Liebe und Ernst verbunden, an den Tag legte, wodurch er sich Zutrauen im In- und Hochschätzung im Auslande erworben hat. Ueberhaupt ist zu bewundern, daß während der ganzen Epoche bei so verwirrten Zuständen, bei so vielen widrigen Ereignissen, bei einer gewaltigen Gährung der Gemüther, wo es an Brauseköpfen und Unruhstiftern gewiß nicht fehlte, beständig Ordnung und Ruhe herrschte. Selbst die Gefangenen, Bayern und Sachsen, bekannten mit edlem Dankgefühle für die gute Verpflegung, daß sie in ihrer Lage nicht besser hätten behandelt werden können. Um die äußere Ruhe zu sichern, wurden alle Grenzen stark besetzt, ja auch, da es an großen Geschossen fehlte, ohne Erfolg der Versuch zur Einnahme der Festung Kufstein gemacht. Anbei kann und darf auch nicht umgangen werden, daß einige Schützenanführer, jedoch ohne den mindesten Auftrag, ja ganz wider Hofers Willen, bei Reutte, Scharnitz, Achenthal 2c., Streifzüge nach Bayern gemacht haben, die aber selten, außer etwas Beute von Nahrungsmitteln, gelangen, wodurch sie sich die allgemeine Verachtung zuzogen, indem sie nur den Feind reizten und dem Vaterlande Schande machten.

Die Münzstätte zu Hall ließ der Sandwirt in Gang bringen und Zwanziger und Kreuzer mit dem Tiroler Adler ausprägen, welche in der Folge vorzüglich von den Engländern stark gesucht wurden.

20. Neue Gefahr.

Am Ende September fingen die Gefahren von neuem an, Tirol wie schwarze Gewitterwolken zu um- und überziehen.

Die Franzosen drangen über Rovereto bis Trient vor und setzten sich hier in dem vom Grafen Leiningen ausgebesserten Kastell fest. Das Aufgebot erscholl auf allen Seiten in Südtirol, Massen von Landesvertheidigern strömten zusammen, die Passeyrer unter Anführung des

Johann Hofer zu Thurmfeld, der im Jahre 1809 siebenmal als Hauptmann und Kommandant vom Sandwirte, der sich derzeit noch in Innsbruck, wie erst gehört, befand, erklärt, gegen die Feinde nach allen Richtungen zog, wo sich Gefahr zeigte. Uebrigens war Kommandant in Südtirol der nachhin von Sr. Majestät Franz I. als k. k. Major pensionierte Josef Eisenstecken, Badlwirt bei Bozen. In möglichster Schnelligkeit kamen bei 20.000 Landesvertheidiger in und um Lavis zusammen, wo sie Position faßten, die Anhöhen links und rechts an der Fiemme (Fleimserbach) besetzten, aber die Lage an der Mündung dieses Baches in die Etsch vernachlässigten, welche die Franzosen sehr vorteilhaft zu benützen wußten, indem sie dort in aller Stille den Uebergang bewerkstelligten, den Landesvertheidigern in Lavis auf den Rücken kamen und viele derselben entweder niedermachten oder gefangen nahmen, alle Uebrigen aber in die Flucht schlugen. Dies war jener unglückliche Zeitpunkt, wo so viele Tiroler umkamen, oder gefangen nach Mantua und darnach auf die Insel Elba abgeführt wurden. Doch weiter vordringen konnten die Franzosen nicht, denn am Geierberge bei Salurn und Neumarkt sammelten sich die Landesvertheidiger wieder, erhielten neuen Zuwuchs und waren so im Stande, dem Feinde die Front zu bieten. Gefahrvoll war also die Lage in Südtirol, nicht so sehr im Norden, wo mehr Hoffnung entweder auf Unterstützung von Seite Oesterreichs, oder zu einem möglichst guten Frieden, wenigstens nach Maßgabe des Friedens zu Preßburg, der am 26. Dezember 1805 abgeschlossen wurde, glimmte und das um so mehr, als es nicht an Ermunterungskommissären fehlte, von denen die beiden Schützenmajore Jakob Sieberer und Josef Eisenstecken dem Sandwirt eine große und sehr prächtige goldene Kette mit Medaille von Sr. k. k. Majestät Franz I. überbrachten, welche ihm sodann am 4. Oktober 1809 in der Hofkirche zu Innsbruck vom hochw. Herrn Prälaten von Wilten feierlichst umgehängt wurde, wodurch er und alle an Standhaftigkeit um so mehr angeeifert wurden. So wie die Franzosen im Süden, fielen nun in der Mitte Oktober auch die Bayern wieder ins nördliche Tirol ein. Gewaltig drangen sie durchs Unterinnthal auf Innsbruck vor, so daß sich Hofer genöthigt sah, am 21. Oktober dasselbe zu verlassen, worauf die Bayern am 25. in selbes einzogen. Auch diesmal hielt sich Sandwirt am so denkwürdigen Berg Isel fest, wo es am 1. September zum Gefechte kam, welches aber ganz zum Nachtheile der Tiroler ausfiel, worauf sie sich über den Brenner zurückziehen mußten.

Nicht besser gieng es im Oberinnthale; denn als am 3. September die Bayern Scharnitz genommen hatten, schlugen sie die dortigen Landesvertheidiger ebenfalls in die Flucht und besetzten das Oberinnthal; wodurch nun Tirols Streitkräfte zuviel getrennt waren, der Muth entfloh und die Lage nahm die schlimmste Gestalt an, so daß eine weitere Vertheidigung jedem Vernünftigen nicht nur zwecklos, sondern sogar schädlich scheinen mußte, daher auch umsomehr die Feindseligkeiten für beendet betrachtet wurden, als die Friedenstöne bereits offiziell erschollen.

21. Der Wiener-Friede.

Während des grausigen Treibens im Lande brachte es der dortmals mächtige Napoleon in

Wien zu einem für sich günstigen Frieden, mittelst welchem er nicht nur Tirol, sondern Kärnten, Krain, die Hälfte von Kroatien, Dalmatien, Ragusa, Albanien mit dem Küstenlande, Triest, Görz, Gradiska nebst ganz Italien sich zueignete und noch dazu, wie schmerzen mußte es das edle Vaterherz! — wurde des Kaisers älteste Tochter, Maria Aloisia, seine Braut, als Beute. Gewiß wird der edle Kaiser, dem Tirol, der Schlüssel zu Deutsch= und Wälschland, so sehr am Herzen lag, alles gethan haben, dasselbe nicht wieder zu verlieren, allein wer kann der Gewalt wider= stehen? Das Schicksal hat zu Gunsten Napoleons entschieden. Unter mehr Uebeln muß vernünftiger Weise das kleinste gewählt werden. Napoleon teilte gleich dem Löwen und alle mußten zusehen. Kurz, Tirols Schicksal war entschieden, entschieden trotz aller vorausgegangenen hohen und theuersten Versicherungen. Der allgeliebte Kaiser Franz I. mußte dem angestammten Rechte entsagen und zwar wie es schien auf sein theuerstes Tirol auf immer. — So entschied der Friedensschluß zu Wien am 24. Oktober 1809. Nichts blieb dem guten, ja besten Landesvater übrig, als seine geraubten Kinder in ihrem Jammer noch zum herzzerbrechenden Abschiede liebreich!t, um ferneres Blutvergießen und andere Schreckensscenen zu verhüten, zu ermahnen, sich in Gottes Fügung willig zu ergeben, die Waffen niederzulegen und ihren Nacken geduldig dem Joche der künftigen Beherrscher zu beugen. Mit diesen väterlichen Warnungen und der völligen Gewißheit des ab= geschlossenen Friedens schickte Se. Majestät Kaiser Franz I. mit einem eigenhändigen Handbillete den Freiherrn v. Lichtenthurn an den Ober=

kommandanten Andrä Hofer nach Tirol, wo es nun bereits zur Verzweiflung aussah. Andreas Hofer, darüber ganz bestürzt, — denn nicht nur er, sondern ganz Tirol bewies es in so vielen Kämpfen seit April l. J., was die Vorfahren seit 1363 an Oesterreich stets getreu erwiesen haben, berieth sich mit seinem gepriesenen, sehr klugen Adjutanten und geheimen Rathe Johann Holzknecht über das Weitere, indem andere Unterchefs und Anführer den Frieden ohne Weiteres zweifelhaft machen wollten. Allein Holzknecht, ein Mann von Einsicht und Rechtlichkeit, rieth ihm unentwunden, sogleich die Waffen nicht nur selbst niederzulegen, sondern im ganzen Lande den Frieden eiligst bekannt zu machen, Alle — Volk und Anführer — zur Ruhe zu ermahnen und die noch im Felde Stehenden zur schnellen Rückkehr in ihre Heimat aufzufordern. So nahm Holzknecht auch ohne Zögern in Sterzing vom Oberkommandanten Hofer Abschied in der Hoffnung, denselben nächstens im friedlichen Passeyer würdig begrüßen zu können. Hofer holte sich indessen, da ihn manche kriegslustige Untergeordnete nicht entlassen, ja zur Fortführung des Krieges unbescheiden bereden wollten, beim Fürstbischofe in Brixen, Franz Karl Graf v. Lodron, Rath und auch dieser überzeugte ihn vom Friedensschlusse, ermahnte ihn, ja trug ihm auf, die Waffen niederzulegen und nach Hause zu gehen und nach allen Kräften beizutragen, alle weiteren Feindseligkeiten einzustellen, worauf er auch ganz beruhigt, Alles für Gott, Kaiser und Vaterland gethan zu haben, die Feindseligkeiten und weitere Vertheidigung nicht blos einstellte, sondern alle Vertheidiger verabschiedete und in der ersten

Hälfte des Novembers nach Hause zurückkehrte. Doch fielen bis zu seiner Dorthinkunft über dem Jaufen, im Süden noch manche Gefechte vor.

Auch die gegen die Franzosen, wie früher gesagt, aufgestellten Landesvertheidiger in Lavis wollten den Frieden durchaus nicht glauben, weßhalb sie auch nicht von ihren Posten abziehen wollten.

Um aber dieselben zum Abzuge zu zwingen, marschirte der französische General Peiry durch das Fleimserthal, Fassa, Gröden über Kollmann nach Bozen, wo er am 4. November unter vielerlei Raufereien, besonders bei Kollmann, ohne großen Verlust ankam, obwohl er bis in diese Stadt noch von den nächsten Hügeln z. B. St. Magdalena, Peter Ploner, verfolgt wurde. Jetzt war es nur das Glück, daß die Landes= vertheidiger Tags zuvor ihre benannte Position bei Salurn verlassen hatten, sonst hätten sie der Gefangenschaft kaum mehr entweichen können und ihr Schicksal wäre entschieden gewesen.

Die Bewohner zwischen Bozen und Brixen beunruhigten zwar das in Bozen sich haltende bayerische Militär, wagten es aber nicht, in die Stadt einzudringen. Nach drei Tagen rückten die von Trient vor und vereinigten sich mit diesen, worauf auf die herumlauernden Tiroler Jagd gemacht wurde, wobei es im Bozner Boden, über Rentsch und dann gegen Jenesien zu, wo der Anführer Frischmann blieb, zu kleinen Schar= mützeln kam, womit aber auch dort herum Alles beendigt wurde. Baraguay d'Hiliers, Befehlshaber aller französischen Truppen in Südtirol, schlug nun sein Hauptquartier zu Bozen auf. Er war ein Mann, der wirklich als Freund und nicht als

Feind kam, die Amnestie im strengsten Sinne ja
milde betrachtete, da er auf alle bis dahin vor=
gefallenen Gefechte keine Rücksicht nahm und
alles Vorgefallene gerne vergaß.

22. Die letzten Auftritte.

Während der erst erwähnten Ereignisse zog
ein anderes französisches Corps unter Anführung
des Generals Ruska aus Kärnten über Puster=
thal und Brixen nach Bozen und weiter nach
Meran. Sein Einbruch und Aufenthalt im Puster=
thale war allerdings feindlich, ja grausam und
er ließ Mehrere, ja selbst Priester, über die Klinge
springen. Sandwirt hatte sich indessen, obschon
mit harter Mühe, von den kriegsgierigen An=
führern zu Sterzing losgerissen und sich nach
Passeyer, in seine Heimat, begeben, wohin ihn
Mehrere aus Passeyer und Vintschgau, seine sonst
getreuen Waffengefährten, begleiteten. Allein
kaum dort angekommen, stürmten diese mit Reden,
ja mit Drohungen, auf ihn ein, neuerdings die
Waffen zu ergreifen, indem sie ihm weiß machen
wollten, mit dem Frieden sei es nichts, sondern
vielmehr der Kaiser sei mit einer Armee bereits
auf dem Wege nach Tirol, worauf sich folgender
Wortkampf erhob:

Sandwirt: „Liebe Brüder! Mit dem Kriege
weiß ich nichts mehr zu machen. Ich habe mich
fest entschlossen, den Befehl Sr. k. k. Majestät
genau zu vollziehen;" allein es war auf leeres
Stroh gedroschen. Sie drangen vielmehr mit
Heftigkeit in ihn und nun führte einer aus ihnen,
Sandwirts Schwager, Josef Gufler, das Wort
und sagte: „Du bist wie ein altes Weib, Du

glaubst Alles, was Dir die falschen Herren vorschwatzen. Wie, Du willst die Waffen nicht ergreifen, da der Kaiser schon im Anzuge ist, um mit seiner Armee in Tirol einzuziehen?"

Sandwirt: „Das glaube ich nicht, was ihr da sagt, daß der Kaiser nach Tirol zu ziehen Willens wäre. Wenn das der Fall wäre, so hätte mir Se. Majestät es gewiß berichtet; denn der Kaiser hat mich niemals belogen, noch weniger betrogen."

Der Vorige: „Ja, ja, Du Narr, Du mußt uns folgen."

Sandwirt: „Bevor ich das thue, schicke ich zwei Männer nach Oesterreich, um mich zu erkundigen, wie es eigentlich stehe." Und wirklich schickte er eilfertig seinen Schwager Josef Gufler und Johann Augscheller auf seine eigenen Kosten dahin ab.

Diese Auskundschafter, wie sie nachträglich sagten, kamen nach Kärnten, wo sie in einem Wirtshause von einem Weibe erzählen hörten, daß der Kaiser bald nach Tirol kommen könnte. Damit gaben sie sich zufrieden, eilten sogleich zurück und modelten ihre gehörte Weiberaussage so um: Der Kaiser von Oesterreich kommt mit seiner Armee schon allbereits ins Tirol; denn wir haben sichere und gewisse Nachricht, es unterliegt auch keinem Zweifel mehr.

Doch bescheidene Männer legten ihren Aussagen keinen Glauben bei, worauf sie entrüstet sprachen: „Wenn es nicht so ist, wie wir sagten, so wollen wir uns erschießen lassen." So hintergangen, trat Sandwirt ihnen bei, bot das Volk von neuem mit den schmeichelhaftesten Worten auf und rückte vom 12. auf 15. November mit einer bedeutenden Anzahl von Schützen gegen den Schönberg vor, wo sie aber einen solchen Widerstand fanden, daß sie zurückgeworfen wurden und die Passeyrer bei Steinach den so braven Johann Lanthaler, Bucher an der Kellerlahn, verloren und viele Verwundete hatten, wie auch die Feinde zwar einen größern Verlust erlitten, nebenbei aber Sieger blieben und zwar so, daß Hofer mit den Seinigen sich zum Rückzuge über den Jaufen nach Passeyer genöthigt sah.

So kam er zum zweiten Male sehr bestürzt nach Hause und wollte, nun wieder überzeugt vom Betruge seiner Gefährten, die Waffen nicht nur weglegen, sondern fortwerfen und das um so mehr, als indessen General Ruska mit 4000 Mann von Bozen nach Meran vorgedrungen war. Durch Sandwirts letztes Aufgebot ermuthigt, stellten sich die Bewohner des Burggrafenamtes, unterstützt von den Vintschgauern und Passeyrern, zur Gegenwehr. Am 14. November kam es bei Riffian und Kuens zu hitzigen Treffen, wobei die Franzosen bis Zenoburg und über den Küchel= berg zurückgeworfen wurden. Am 16. November entwickelten sich am Küchelberge und am Finele= bache bis zum Schlosse Auer, welches von den Tirolern durch schnelleres Laufen früher besetzt wurde, ein noch weit blutigeres Gefecht, welches damit endete, daß die Passeyrer und andere Schützen auf der Höhe des Küchelberges den Franzosen ihre gute Position mit Sturm abjagten und sie in die Stadt zurücktrieben. Vom 16. auf 17. in der Nacht zogen sich dann die Franzosen bis Terlan zurück, welchen Ort sie auf Ruska's Befehl plünderten und zum größten Teile nieder= brannten. Die Franzosen verloren bei obigen

Gefechten 400 Mann, teils an Todten, teils an Verwundeten. Die Passeyrer hatten 14 Todte und 40 Verwundete; so ward Meran und Passeyer frei, aber nicht mehr auf lange.

23. Die Kriegsereignisse in Passeyer.

Wenngleich Sandwirt Hofer durchaus vom weiteren Kriegführen nichts mehr wissen wollte und ja selbst seine Frau und Kinder nach Faltnuß in Hintersee und dann in die Schönnaeralpe schickte, er selbst sich am Kellerhofe nächst der Lahn gleichen Namens zurückzog, so unterließen seine Helfer und Helfershelfer nicht, das Volk in Aufruhr zu erhalten und zwangen ihn, in der Stube des besagten Kellerers mit dem Stutzen auf seine Brust gehalten, zu ihren nöthigen Unterschriften. So mußte endlich der allzeit redliche Mann noch ein Werkzeug der schwärzesten Verwegenheit, sehr großen Unglücks und des gröbsten Unheiles selbst seines Vaterortes werden. Er, der so oft das Vaterland von der größten Gefahr befreite, die weisesten Anstalten zur innern Ruhe und Ordnung getroffen hatte, mußte nun sehen, hören und erfahren, wie in seinem Namen Passeyer ein Gräuel der Verwüstung wurde. Am 17. November zogen von Sterzing bei 1500 Franzosen über den Jaufen, um sich mit denen, wie sie hofften, zu Meran zu vereinigen. Sie kampirten zu Walten und trafen am 18. um 9 Uhr vormittags zu St. Leonhard ein. Geradenwegs und ungehindert zogen sie durch das Dorf bis auf etwa zwei Scheibenschüsse vor dem Sandwirtshause, hier machten sie Halt und zogen sich bald von selbst nach dem Hofe Happerg nächst St. Leonhard zurück, wo sie kampirten. Wie gesagt,

Hofer hielt sich ruhig beim Kellerer an der Kellerlahn auf und nahm keinen wirklichen Anteil mehr. Allein Georg Lahner, Josef Gusler und Josef Oettl boten Alles auf und ordneten das Volk im Namen des Sandwirtes. In der Nacht vom 17. auf 18. schickten sie zwei Kompagnien Schützen über Gleiten, versteckten sich im Walde und als die Franzosen den engen Weg über die Hochkehre herabzogen, ließen sie Steine auf selbe herabrollen und verfolgten sie mit Schüssen bis St. Leonhard und schlossen sie in der Ausdehnung von der Stückel bis Happerg, einer kleinen halben Stunde in der Länge, ein. Zur Nachtzeit ward alles ringsum mit Feuern schauerlich beleuchtet; bei Tage wurde bis zum 23. November gescharmützelt, und endlich von Seite der Passeyrer und Schönnaer gestürmt, wobei das große Kolberhaus eingenommen und in Brand gesteckt wurde, worin viele Franzosen und auch Passeyrer umkamen. Auch das obere Kolberhaus mit dem reichverzierten Kirchlein wurde ein Raub der Flammen. Wüthend stürmten die Passeyrer von Platzers herab, Nichts wurde geschont. Die festeste Position hatten die Franzosen innerhalb der Friedhofsmauer, allein so tapfer sie sich auch immer wehrten, so mußten sie sich doch am 23. den Passeyrern im Dorfe St. Leonhard ergeben, unter der Bedingung, daß den Offizieren nichts, den Gemeinen nur die Gewehre abgenommen werden, alle aber Kriegsgefangene seien. Die Franzosen verloren an Todten und Blessierten 400 Mann, die Passeyrer an Todten 22 und an Blessierten 60 Mann, die von Schönna hatten 2 Todte. Den Wegweiser der Franzosen über den Jaufen, einen gezwungenen Taglöhner von Sterzing, ließen die Anführer am Friedhofe zu St. Leonhard erschießen. Die Franzosen wurden nun als Gefangene erklärt und um 3 Uhr nachmittags auf die Wiesen zwischen St. Leonhard und Sandwirtshaus, Gandelen genannt, abgeführt, wo sie ihre Waffen strecken und ihre Mäntel ablegen mußten, worauf sie zum Sandwirtshausstadel (Futterhaus) transportirt und dort im Stalle eingesperrt wurden. Das bewaffnete Volk ging nun ruhig auseinander und nach Hause. Nur Wenige blieben zur Wache und zum weiteren Transport der Gefangenen über Tirol nach Vintschgau unter den Gewehren.

Nun hatte aber auch in Passeyer, das nie, gar nie einen Krieg in seinem stets ruhigen Thale kannte, der Letzte geschossen; denn schon Tags darauf, am 24. November, kam ebenfalls von Sterzing herüber, über den Jaufen ein anderes Corps von 3000 Franzosen, um zu beweisen, daß sie noch nicht aufgerieben sind. Eiligst wollte Georg Lahner in der Pfarre St. Leonhard die Sturmglocken ziehen, was ihm aber zum Glücke nicht gelang, da der hochw. Herr Pfarrer Vincenz von Ampach ihm die Thurmschlüssel ernstlich verweigerte, weßhalb ihm von Georg Lahner das Erschießen angedroht wurde, wovon aber Gott seinen für des Wohl seiner Schäflein besorgten Hirten wohl bewahrte.

Die Franzosen kamen daher ungehindert am Abende des besagten 24. November in St. Leonhard an, wo sie kampirten, allein da sie vom Schicksale ihrer Vorgänger Kunde erhielten, plünderten sie das Dorf und steckten zwei Häuser in Brand, allseitig Furcht und Schrecken zu verbreiten, wobei sich die Orts- und Thalbewohner ruhig verhielten und somit alles fernere Unglück verhüteten.

Zu gleicher Zeit verbreitete sich das Gerücht, daß ein Teil der wieder in Meran eingerückten Franzosen zu Thal und links und rechts oben in den Bergen ins Passeyrerthal eindringen werde, was auch am 26. November geschah. Noch nicht zufrieden, wollten die vorbenannten Anführer das Volk noch einmal aufbieten, zu St. Martin Sturm schlagen, allein Niemand, außer 30 liederliche Bursche, ließ sich bereden, die Waffen zu ergreifen. Diese stellten sich innerhalb Saltaus in der Außer= eben auf; doch waren sie so bescheiden, auf die vorbeiziehenden Franzosen nicht zu feuern, sondern zogen sich in aller Stille zurück und kehrten be= schämt nach Hause.

Die Anführer verbargen sich, oder entwischten; die Franzosen besetzten nun Passeyer mit Ordnung, hielten sich ruhig und bewiesen weit mehr Mensch= lichkeit, als man je von ihnen erwartet hätte, obgleich sich bei ihrem Anmarsche Alles, was konnte, auf die höchsten Berge geflüchtet hatte; selbst die Pater Benediktiner zu St. Martin flohen nach Mataz, wo sie zu Pirpam die hl. Messe lasen. Aber die französischen Offiziere erließen eine Aufforderung an das Volk, daß Jeder in sein Haus zurückkehren und sich ruhig verhalten solle, es werde Niemanden ein Leid geschehen. Die Patres kehrten nun auch in den Widum zurück, in welchem die französischen Offiziere ein= quartiert waren und da sie selben ganz ausgeraubt fanden, so teilten ihnen die Offiziere von ihrem Fleisch und Speisen mit.

24. Wilde Auftritte zu Brixen.

Nun war in Passeyer, um Meran, ja im ganzen Lande die Ruhe hergestellt, aber auf ein=

mal zog über Brixen ein neuerliches und schauer=
liches Ungewitter herauf. Ein fanatischer Mann,
Herr v. Kolb aus Mühland bei Brixen, trat als
der letzte und auch größte Ruhestörer auf; er
machte den Leuten weiß, daß die Oesterreicher
bereits durch Kärnten heranziehen und Tirol mit
Hilfe der so tapferen Einwohner neuerdings be=
freien wollen. O schändliche Lüge, abscheulicher
Betrug! Das gute Volk um Brixen und im
Pusterthale dem Herrn v. Kolb glaubend, schloß
vom 26. November bis 6. Dezember ein ganzes
Corps Franzosen in Brixen ein. Wäre es ein
Wunder gewesen, wenn sie die ganze Stadt be=
raubt und geplündert hätten? Doch nein, sie
hielten sich in der Hoffnung einer baldigen Ent=
setzung ziemlich ruhig. Am 6. Dezember kam
wirklich von Bozen zu Berg und Thal Succurs;
kaum angekommen besetzten die Franzosen die
Umgebungen der Stadt und zündeten zur Nachts=
zeit fast alle Häuser und Höfe ringsum an, was
die Stadt und Umgebung mit Schrecken erfüllte.
Die Bauern zogen allseitig ab, Herr Kolb ent=
wischte durchs Pusterthal, wohin ihn die Franzosen
verfolgten, aber nicht mehr erreichten. Kolb
glaubte in Oesterreich nicht blos Schutz, sondern
auch Belohnung zu finden; allein er wurde nach
Verdienst mit Verachtung übergangen, flüchtete
sich nach Konstantinopel, wo er bald vom Tode
ereilt wurde. Mit Ernst spürten nun die Franzosen
den Ruhestörern nach und ließen mehrere davon,
besonders im Pusterthale, über die Klinge springen.
Da der Wirt von Flaas und der Anwalt von
Velthurns mit dem Wirte in der Mahr überwiesen
waren, Anteil an der Abbrennung der Blumauer
Brücke genommen, oder wohl gar solches selbst

bewerkstelligt zu haben, so wurden die beiden Ersteren gefangen nach Bozen gebracht und am 17. Dezember um 12 Uhr Mittags an der Calfer erschossen, welches Schicksal dem später eingefangenen Wirte Mayr an der Mahr am 21. Februar 1810 um 11½ Uhr Mittags in gleicher Weise zu Teil wurde.

25. Sandwirts Gefangennehmung.

Nachdem nun endlich die Ruhe ganz hergestellt war, schickte Napoleon, um selbe auch ungestört zu erhalten, sehr viel Militär ins Land, ließ es allenthalben verteilen mit dem schärfsten Auftrage, strenge Mannszucht und Ordnung genau zu beobachten, wie es auch geschah. Die Waffen mußten abgeliefert werden, welches aber nur zum Teile oder Scheine geschah; denn der Stutzen ist dem Tiroler sein halbes Ich; daher er solchen nicht nur sehr hoch zu schätzen, sondern wie oft erwiesen, auch ebensogut zu benützen weiß. Passeyer und ganz Südtirol bis am Brenner war nun von den Franzosen und Nordtirol von den Bayern besetzt. Die meisten Anführer waren aus dem Lande geflohen, nur der edle Hofer nicht. Bei der Besitznahme Passeyers von Seite der Franzosen begab er sich auf den Brantacherberg, an dessen Fuß der Kellerhof liegt, zum obersten Bauernhof Pfandler, wohin auch seine Frau und der einzige Sohn Johann aus dem Hintersee zu ihm am St. Andrä=Tage kamen. Hier weilten sie in der sichern Hoffnung, durch Amnestie Begnadigung zu finden, welcher der Sandwirt, hätte er sich beteiligen können, allerdings würdig gewesen wäre, weil er das, was er nach Bekanntmachung des Friedens noch unternahm, nur durch Hintergehung oder gezwungen gethan hatte.

So hatte er weder an den Gefechten in
Passeyer, noch weniger an den Ereignissen bei
Brixen einen Anteil; denn von diesen wußte er
nichts und hätte er sich von Jenen am Keller, wo
man ihm den Stutzen auf die Brust setzte, von
seinen eigenen Leuten todtschießen lassen sollen?
Da doch Alles schon in größter Gährung war,
so wollte er blos damit dem Uebel desto schneller
ein Ende machen, daher unterschrieb er Maß=
regeln, die die Ruhe herstellen sollten. Allein
seine aufgefangene Unterschrift, wie oft sind solche
leider mißbraucht worden, war genug, ihn zu
beschuldigen, daß unter seiner Leitung die letzten
Exzesse, so muß man sie nennen, geschahen.
Sandwirt wurde daher aufgesucht und zwar mit
Verheißung einer Prämie von 1500 Gulden für
den Anzeiger.

Nicht unbekannt blieb dieses dem stets red=
lichen, nun äußerst bedrängten Manne; denn wie
sich in der Noth wahre Freundschaft bewährt, so
hatte auch er, besonders am vorbenannten Josef
Thaler einen solchen, dem er sich ganz anver=
trauen konnte, wie dieser auch ihm nichts ver=
hehlte. So bezog Sandwirt mit seiner Frau, dem
Sohne und seinem Sekretär Cajetan Sweth, ober
dem Pfandlerhofe auf den Bergwiesen (Mähdern)
eine Futterhütte (Heuschupfe, auch Gaden genannt)
und lebte da von Weihnachten bis zu jener
Schreckensnacht, wo er verrätherischer Weise
gefangen wurde. In der rauhesten Jahreszeit
lebte nun Sandwirt mit den angeführten Seinigen
in dieser wüsten Einöde, von Allen, nur nicht
von seinem innigsten Freunde Josef Thaler, der
ihn von Zeit zu Zeit besuchte, verlassen. Eine
Heuniederlage war ihre Wohnung, ein leerer

Stall ihre Küche, ungeregelte Schindeln ihr Obdach, unbehauene Bäume die Seitenwände ihres Wohnraumes, Heu ihre Lagerstätte. So mußte jetzt der Liebling des Kaisers, der Oberkommandant von Tirol, der noch vor Kurzem in der kaiserlichen Burg zu Innsbruck hochgeachtet lebte und alle Fäden des Landes leitete, angst- und kummervoll seine noch wenigen Lebenstage zubringen, die er dem Gebete und heilsamen Betrachtungen widmete. Beten und auf Gott fest vertrauen, lernte er schon in seiner Jugend und übte es fortan. Selbst als Oberkommandant in der Burg zu Innsbruck unterließ er nie nach dem Abendessen den Rosenkranz zu beten, wie er auch einmal sagte: „Nun Mander haben wir gegessen, also wollen wir auch beten". Dieses gesagt, niedergekniet und im Namen Gottes des Vaters u. s. w., war eins. Statt des Betschemels bediente er sich in seiner bezogenen Almhütte der runden Thürschwelle, worauf ihn Josef Thaler betend antraf und dann das Stück, worauf Hofer kniete, heraushackte und dem Schreibenden selbst überbrachte.

So weiß der Gerechte, auch von Allen verlassen, gehaßt und verfolgt von den Feinden, sich mit überirdischen Dingen im Vertrauen und gänzlicher Hingebung in Gottes Willen, von Unwillen und Rache weit entfernt, in der tröstlichen Beruhigung seine Pflicht erfüllt zu haben, die Zeit nützlich zu vertreiben. Ein ganz besonderes Vertrauen hatte Sandwirt zur Schmerzenmutter Maria in seinem Kirchlein am Sand, wovon sich der Schreibende (Schreiber dieser Zeilen), der ihn überhaupt gut kannte, gerade an dem Tage überzeugte, wo der Oberkommandant nach gehörter heiliger Messe, welche der Besagte dort las und Sandwirt den hl. Rosenkranz gebetet hatte, im August nach Innsbruck zur Uebernahme der Landesverwaltungs=Geschäfte abgereist ist.

Drohungen an das Landesgericht, wenn es den Hofer nicht ausliefere, einerseits und anderer= seits der Schimmer des französischen Goldes führten endlich die Bosheit zum Ziele.

Drei verstanden sich zur Anzeige und Franz Raffl aus dem Gerichte Schönna gieng nach Meran, wurde nach wiederholtem Ansuchen beim dort Kommandirenden vorgelassen und erbat sich den Franzosen gegen das versprochene Geld den Sandwirt in ihre Hände zu liefern.

Josef Thaler erhielt von diesem schändlichen Vorhaben eine dunkle Kunde, eilte noch spät Abends zur Berghütte und bat dringendst den Hofer, sich gleich davon zu machen, seines Wissens sei er verrathen. Hofer, nie gewohnt von einem Menschen schlecht zu denken, erwiderte: „Ja Hasler! morgen in aller Früh wollen wir uns durchs Fortleis nach Sarnthal und sofort zum geliebten Kaiser Franz begeben; denn jetzt ist es schon Nacht und in der Nacht wird uns hier ja doch nichts geschehen". Hasler konnte nichts weiteres thun, als seine Bittvorstellung nochmals zu erneuern und gieng so bestürzt nach Hause, ohne eigentlich zu wissen, daß Raffl wirklich schon auf dem Wege zur Vollendung seiner Schand= that sei.

Sandwirt machte nun den Plan zum schnellen Aufbruche beim ersten Tageslicht, verrichtete mit den Seinigen das Nachtgebet, hieß Alle schlafen gehen, nur er wachte betend, während jener Judas die bewaffnete Rotte, bei 500 Mann,

durchs Thal herein und über den Berg hinauf=
führte bis zur benannten Almhütte. Hofer hörte
bei der nächtlichen Stille Fußtritte und einiges
Geklirre der Waffen. Im Nu war die Hütte
umzingelt, er öffnete die zerlumpte Thür und
fragte um ihr Begehren.

Kaum erkannten sie ihn, so wurde er hastig
ergriffen, hartgefaßen, der Bart größtenteils
ausgerißen und als ihr Gefangener erklärt. Es
war der 27. Jänner 1810, Samstag Abends.

Der Lärm widerhallte im waldigen Gebirge,
erbärmlich war das Geheul der unglücklichen
Frau, jammervoll das Stöhnen des halbgewachsenen
Sohnes. Drei Stutzen und alles Geld war eine
Beute der gierigen Krieger. Auf! fort! hieß es.
Ohne Rücksicht, ohne Schonung wurden die
Gefangenen über Brantach hinabgeschleppt, ob=
gleich der Sohn nicht einmal Schuhe an hatte,
wo er sich dann natürlich auch die Füße erfror.

Wie im Triumphe gieng der Zug bei an=
brechendem Tage (Sonntag) durchs Passeyerthal
nach Meran, wo sie vom Kommandirenden
menschlicher empfangen, als bis dahin behandelt
wurden. Tags darauf, am 29. Jänner, wurden
sie nach Bozen zum Oberkommandanten Bara=
guay d'Hilliers eskortiert.

Kaum hörte man Sandwirts Gefangen=
nehmung und Ankunft, waren Bozens edle Be=
wohner wie vom Blitze getroffen, und durch den
wehmüthigen Anblick tief zum Mitleide gerührt,
boten sie ihm einen Mantel und Reisegeld an,
das ihm der bekannt leutselige General auch
willig zukommen ließ. Allein der gute Vater, o
wie hart wird diese Scheidung gewesen sein,
wurde am 30. Jänner nach Mantua unter stark

bewaffneter Militärbegleitung abgeführt, um dort sein ferneres Schicksal zu erfahren, während wohl nur eine geteilte Hoffnung des Wiedersehens zurückblieb, indem man auf Napoleons Großmuth zu rechnen glaubte, der als Held auch Helden zu schätzen wußte. Der Judasbruder Franz Raffl erhielt vom Versprochenen nur etwas Weniges, weil eine solche schändliche Verrätherei selbst dem Feinde mißfiel.

26. Hofers Verhör und Hinrichtung.

Unter allgemeinem Bedauern und großem Zusammenlaufe des mitleidigen Volkes wurde Sandwirt strenge von den Franzosen bewacht und begleitet nach Mantua gebracht und dort im Gefängnisse aufbewahrt, bis das Kriegsgericht über ihn entschieden.

Glücklicher dürfte die Entscheidung in der Nähe Napoleons selbst, als in der Nähe der Vicekönigin von Italien, einer Tochter des Königs von Bayern, Maximilian Josef, dessen Truppen Sandwirt wiederholt geschlagen hatte, ausgefallen sein? — Zwischen Furcht und Hoffnung verstrichen nur wenige Tage, die Sandwirt im Gefängnisse einsam in stiller Betrachtung, im Gebete und in gänzlicher Hingebung in den Willen Gottes zubrachte. O wie gut kam ihm jetzt sein gewöhntes Gebet, wie tröstlich sein unerschütterliches Vertrauen, um mit ruhigem Gemüthe sich vorzubereiten und gefaßt zu machen, was da immer kommen möge.

Indessen ward das Urtheil gefällt; Sandwirt müsse als Chef der Rebellion in Tirol erschossen werden. Blos das Wort Rebellion fiel zentnerschwer auf sein redliches Herz, da er ja nur auf Geheiß seines allgeliebten Kaisers Franz I. die Waffen und zwar nach dem Tage der Kriegs=erklärung, ergriff und in höchst Seinem Namen führte und auf dessen Geheiß wieder niederlegte. Nur wehe, sehr wehe that es ihm, daß er sich zwingen ließ, nach dem Friedensschlusse noch feindselig gehandelt zu haben. Allein um wie viel mehr haben jene Ursache, es bitter zu bereuen, die ihn dazu gezwungen haben. Doch Sandwirt verzieh ihnen vom Herzen, denn sie wußten in der Wuth des Kampfeifers nicht, was sie thaten. Unerschrocken hörte er das Todesurtheil an. Muthig mit heiterer Gelassenheit rüstete er sich zum letzten Kampfe, wodurch er die Siegespalme der glor=reichen Märtyrerkrone zu erlangen hoffte. Die Vatersorge über seine theuerste Familie überließ er der Großmuth und Vatergüte Sr. Majestät des Kaisers von Oesterreich, für den er Blut und Leben zu geben stets bereit war.

Das Wenige, was er bei sich hatte, es waren acht Thaler, teilte er unter seine gefangenen Waffengefährten, die wie gehört, bei Lavis in die Hände der Feinde gerathen waren, welche aber vermöge der Amnestie nicht gefangen gehalten, noch weniger auf die Insel Elba abgeführt, sondern freigelassen sein sollten.

Das silberne Kreuz, welches er auf seiner Brust trug, schenkte er seinem Beichtvater mit der Bitte, für ihn zu beten. Der 20. Februar brach an. Getreu war ihm sein Beichtvater bis dahin beigestanden, nun begleitete er ihn auch bis zum Richtplatze unter geistreicher Stärkung und Ermunterung zum Todeskampfe. Alle Gassen füllten sich mit Zuschauern; denn nicht blos in Tirol, in Oesterreich und Bayern, sondern auch in Italien, Frankreich und England hatte sich der Ruf von Sandwirts Heldenthaten verbreitet.

Mit ernstem Anstande, heiterem Blicke, ruhigem Gemüthe trat der rüstige Mann, Erstaunen und Mitleid erregend, festen Schrittes durch die scharf bewaffneten Reihen an jenen Ort und Stelle, wo er seinem lieben Gott für Kaiser und Vaterland das letzte Opfer bringen sollte.

Das Carré ward geschlossen, Sandwirt, auf der Bastei freigestellt, empfieng noch die letzten Trostesworte seines Beichtvaters. Ein weißes Tuch soll seinen Augen die auf ihn angeschlagenen Gewehre nicht schauen lassen, er sollte sich niederknieen und rückwärts öffnete sich bereits die Reihe.

Allein nicht mit verbundenen Augen, nicht bebend und zaghaft, nur vor Gott gewohnt zu knieen, verbat er sich das Verbinden der zum Himmel blickenden Augen und wollte stehend als Held der Feindesgewalt unterliegen. Es schlug elf und drei Viertel (vor 12 Uhr) Mittags, genau zur selben Stunde und am selben Tage, wo zu Bozen der Wirt an der Mahr erschossen wurde. Erstaunt über Sandwirts Heldenmuth vermochte kaum das Militär seine Pflicht zu erfüllen. Er selbst kommandierte und bald hätten ihn alle gefehlt, daher noch die zweite Reihe ihre Gewehre auf ihn losbrannte, und ihn so zu Boden streckte, womit Tirols edler Held, die Zierde des Vaterlandes, das Muster der Rechtschaffenheit, seinen Geist in die Hände des himmlischen Vaters empfahl, von dem er den verheißenen Lohn nach treulich vollbrachtem Tagewerke auch reichlich und ewig empfangen wird.

Seine Leiche wurde dann, nach dortiger Sitte, mit Ehren zur Erde bestattet und der Grabhügel mit einem Denkzeichen dem Gedächtnisse erhalten, um gleichsam allen Jrrungen sicher vorzubeugen, die etwa künftig bei Erhebung der sterblichen Ueberreste möglich gewesen wären.

Die Aufschrift, welche der Pfarrer von St. Michael in Mantua, Herr Anton Bianchi, auf die Marmortafel setzen ließ, lautet: „Hier liegen die sterblichen Ueberreste des Andreas Hofer, genannt General Barbone, Oberkommandant der Landwehr von Tirol, erschossen in dieser Festung am 20. Februar 1810 und beerdigt auf diesem Platze."

Der Beichtvater und treue Begleiter Hofers bis zum Tode, der edle Probst Manifesti in Mantua, äußerte sich über den Tod Hofers in folgender Weise: »Con somma' mia consolazione ed edificazione ho ammirato un uomo, che è andato alla morte, come un eroe christiano, e l'ha sostenuto come martire intrepido.« Zu deutsch: „Zu meiner Erbauung und zu meinem größten Troste bewunderte ich einen Mann, der als ein christlicher Held zum Tode gieng und ihn als ein unerschrockener Märtyrer erlitt."

27. Sandwirts Familie.

Während dieser höchst traurigen Verhängnisse und Vorfälle sammelte sich Hofers Familie, welche, wie schon anfangs erwähnt, aus seiner Frau, seinem einzigen Sohne und seinen vier Töchtern bestand, nachdem die Frau und der Sohn, welche mit Hofer bis Bozen transportirt wurden und auf die gütige Verwendung der Bozner Frauen vom General Baraguay d'Hilliers wieder in

Freiheit gesetzt worden waren, wieder am Sande, dem Stammwirtshause der Hofer. Lange unwissend, wie es um den theuersten Gatten und geliebtesten Vater stehe, in banger Erwartung des Ausganges, harrten sie auf die baldige sehnlichst gewünschte Zurückkunft desselben.

Murmelnd erscholl indessen das Gerücht im Thale, Sandwirt sei zu Mantua erschossen worden. Niemand wollte ihren Kummer aufs höchste steigern. Alles zog sich so gewiß beängstigt und mitleidsvoll zurück. So verstrichen Tage und Wochen, ohne recht eigentlich in wahrer Kenntniß zu sein, obgleich die offizielle Nachricht bereits überall bekannt war.

Doch nicht zu lange ließen Se. kaiserl. Majestät die edle Familie seines vertrauten, seines geliebten Sandwirtes schmachten.

Nicht umsonst rechnete Hofer auf Sr. Majestät Vatersgüte; denn sie nahm sich aller Witwen und Waisen, der Verwundeten und vorzüglich Sandwirts Hinterlassenen liebreich, ja großmüthig an. Von allen Ereignissen und Thaten Hofers ließ sich Se. Majestät durch bewährte Männer, worunter der oft erwähnte alte Josef Thaler, Hasler, gehört, Bericht erstatten.

28. Sandwirts Belohnung.

Nachdem alle Daten über die so vielen und rühmlichen Thaten Hofers gesammelt waren, wozu neben Josef Thaler in Passeyer auch Herr Ratschiller in Bozen beigetragen hatte, prüfte Se. Majestät Alles nach dem wahren Verdienste und fand es gerecht und billig, Sandwirts Familie in den Adelstand zu erheben unter dem angestammten Namen Hofer mit dem einfachen

Ehrentitel Andrä Edler von Hofer unter Verleihung eines ausgezeichnet schönen Adelsbriefes mit einem sehr sinnreichen Wappen.

29. Sandwirts Gebeine werden erhoben und beigesetzt.

Nicht nur die äußerst betrübte Frau und Familie Hofers, sondern das ganze Vaterland Tirol wünschte sehnlichst doch wenigstens des theuren Gatten, liebsten Vaters und größten Landesvertheidigers irdische Ueberreste zu besitzen. Allein auch diese ruhten dort in Mantua in einem Gärtchen der Citadelle, worüber der ehrwürdige Ortspfarrer die schon oben erwähnte Grabschrift hatte setzen lassen. Endlich nach 13 Jahren gieng der allgemeine sehnliche Wunsch nach Hofers Ueberresten in Erfüllung. Als sich eben eine Abteilung des Tiroler Kaiserjäger-Regimentes in Mantua aufhielt, erlaubte sich der Hauptmann Baron v. Sternbach beim Rückzuge nach Tirol die dort richtig aufgefundenen Gebeine Hofers mitzunehmen; denn nicht nur der vorbenannte Herr Pfarrer, sondern mehrere andere Zeugen, wie z. B. der Todtengräber und die Spuren im Schädel, welche die tödtenden Kugeln zurückgelassen hatten, bestätigten die Echtheit bis zur unzweifelhaften Gewißheit.

In Trient angelangt mußten die Gebeine Hofers einstweilen dort verbleiben, bis von Sr. Majestät Kaiser Franz I. der allergnädigste Auftrag erfolgte, dieselben sollen nach Innsbruck gebracht und in der dortigen Hofkirche beigesetzt werden.

Der 19. Februar des Jahres 1823 war endlich der Freudentag, wo die Gebeine Hofers in Innsbruck ankamen.

Dieselben wurden im dortigen Servitenkloster gleichsam auf das Paradebett gestellt und am 21. Februar in feierlichem Leichenzuge, wozu auch die Angehörigen aus Passeyer geladen waren, in die Hofkirche übertragen und nach abgehaltenem Trauergottesdienste feierlichst beigesetzt.

30. Sandwirts Verherrlichung.

Gleichzeitig mit dem allerhöchsten Auftrage Sr. Majestät des Kaisers Franz I., daß die Gebeine Hofers in der Hofkirche zu Innsbruck beizusetzen seien, kam auch dessen Erklären herab, daß er auf seine Kosten ein würdiges Denkmal über dieselben werde errichten lassen. Und wirklich wurde Herr Johann Schaller, Ehrenmitglied der Akademie der bildenden Künste von St. Lukas in Rom und Professor an der k. k. Akademie der bildenden Künste zu Wien von Sr. k. k. Majestät mit der schwierigen Aufgabe betraut, aus tirolischem Marmor die Statue Hofers zu verfertigen. In welch hohem Grade der Künstler diesem allerhöchsten, in ihn gesetzten Vertrauen entsprochen, beweist der ungeteilte Beifall und das einstimmige Urteil aller Kunstkenner.

Der 5. Mai des Jahres 1834 war dann endlich der hohe Ehrentag, an dem dieses Monument über Hofers Grab feierlichst eingeweiht wurde, wobei der hochw. Herr Prälat des Prämonstratenser=Stiftes zu Wilten, Alois Röggl, eine der Gelegenheit und Würde entsprechende wunderschöne Rede gehalten hat, welche auch im nämlichen Jahre in der Wagner'schen Universitätsbuchhandlung zu Innsbruck im Drucke erschienen ist.

31. Schluß.

Der Wesen Schicksal ist verschieden,
Das sehen wir recht oft hienieden;
Drum Einer ist's, der Alles lenkt,
Wenn gleich der Mensch auch anders denkt.

Nicht hoch vom Stande war der Mann,
Den Oesterreich wohl gebrauchen kann;
Weil redlich, tapfer und vertraut,
Er stets auf Gott und Fürst gebaut.

Doch ohne Kampf gibt's keine Kron',
Nur Arbeitsfleiß verdienet Lohn;
Im Orte der Passeyrer G'mein,
War Sandwirts Thun von Fehlern rein.

Als Kriegsmann nicht nur unbescholten,
Hat er als General gegolten;
Doch wenn die Hauptmacht unterliegt,
So ist der Unterthan zugleich besiegt.

Die Thaten Sandwirts leben immer fort,
Wenngleich die Hülle ruht im kühlen Ort;
Obschon der Feind das Leben ihm genommen,
So hat er doch die Siegeskron bekommen.

O laßt uns des Edeln Walten
Auch uns zum Muster stets erhalten!
Für Gott und Vaterland mit Ruhme streiten,
Und uns, wie er, zum Kampfe vorbereiten!

32. Nachtrag.

Schon seit dem grauesten Alterthum ist es Brauch, Männern, welche sich durch große Thaten, oder durch ihre Aufopferung für Vaterland und für die Mitbürger verdient gemacht haben, Denkmäler zu setzen, um ihre Namen der Vergessenheit zu entreißen. Sehen wir uns bei den verschiedensten Völkern um, überall werden wir das Bestreben finden, ihre berühmten Männer in irgend einer Weise zu ehren und so ihre Namen der Nachwelt zu erhalten.

Wie beschämt müssen wir Tiroler uns fühlen, daß die Denkmäler für unseren großen Nationalhelden vom Jahre 1809, welcher sein Vaterland wiederholt vom Joche der Fremdherrschaft befreite, gar spärlich, ja vereinzelt dastehen.

Abgesehen vom Hofer-Monument in der Hofkirche zu Innsbruck, welches Kaiser Franz, der Gütige, unserem Sandwirthe im Jahre 1834 setzen ließ, haben wir nur noch dasjenige auf dem Berg Isel zu erwähnen, das am 28. September 1893 im Beisein Sr. Majestät des Kaisers Franz Josef enthüllt wurde.

Im Jahre 1867, bei Gelegenheit des hundertsten Geburtstages Andreas Hofers, wurde von einigen Patrioten der Gedanke angeregt, am Sande, nahe dem Geburts= und Familienhause Andreas Hofers, eine Kapelle zu bauen, welche dem Herzen Jesu geweiht sein soll und im Innern derselben sollen die Thaten und der Tod Hofers durch entsprechende Bilder verherrlicht werden. Die Grundsteinlegung fand am 28. Oktober 1867 statt und erschienen zur selben außer den drei Landesbischöfen auch der Statthalter Graf v. Toggenburg und der Landeskommandirende Graf v. Kuhn nebst einer Anzahl angesehener Männer des Militär- und Civilstandes und wurde von dort an die Erbauung und Ausschmückung der Hoferkapelle als Landessache betrachtet.

Aber leider trug die Ungunst der Zeiten und der Mangel an nöthigem Geld dazu bei, daß der Bau nach dem Plane des Diözesan-Architekten Josef v. Stadl erst im Jahre 1882 vollendet und die Ausschmückung des Innern durch den Historienmaler Edmund v. Wörndle erst im Jahre 1898 durchgeführt werden konnte. Endlich nach mehr als 30jähriger Dauer kann die feierliche Einweihung derselben am 21. September d. J. in Anwesenheit Sr. Majestät des Kaisers stattfinden.

Im Jahre 1873 baute sich Graf v. Fries in Obermais eine herrliche Villa, welche er an der Nordseite mit dem überlebensgroßen Bilde Hofers schmücken ließ, welches vom berühmten Bildhauer Erler in Wien in Hautrelief aus Carrara-Marmor gehauen ist; die feierliche Enthüllung desselben fand am 30. November 1873 statt und benannte der kunstliebende Besitzer seine Villa Hoferhaus.

Im Laufe der Jahre wurden auch jene Orte und Häuser, welche mit der Hofer-Geschichte in Zusammenhang stehen, durch verschiedene Vereine und Corporationen mit Gedenktafeln versehen.

So wurde am 13. September 1880 vom löbl. Offizierscorps des Landesschützen-Bataillons

Nr. 2 in Meran im Verein mit der Vorstehung der Sektion Meran des Deutschen und Oesterreichischen Alpenvereines an der 1600 Meter hoch gelegenen Alpenhütte auf der Pfandleralm eine Marmortafel mit dem von Professor Fuß in Innsbruck modellirten Relief-Portrait Hofers angebracht, welche die Inschrift trägt: „In diesem Hause wurde der vaterländische Held Andreas Hofer am 28. Jänner 1810 gefangen genommen."

An der Außenseite des Hotels „Graf von Meran" am Rennwege in Meran wurde über Anregung des Vorstandes der Sektion Meran des österreichischen Touristenclubs Herrn Fridolin Plant am 26. Oktober 1884 eine Gedenktafel enthüllt, welche außer dem Portrait-Medaillon Hofers, das vom Hofbildhauer Sebastian Steiner nach dem Modelle des Bildhauers Johann B. Pendl (Zeitgenosse Hofers) aus feinstem Laaser-Marmor in Hautrelief gemeißelt ist, die Inschrift trägt: „Dem Andenken des vaterländischen Helden Andreas Hofer, welcher in diesem Hause am 28. Jänner 1810 als Gefangener vom General Huard verhört wurde."

Am nämlichen Tage wurde auch am Hause der Frau Witwe Ranacher, in der nächsten Nähe des Hotels „Graf von Meran", eine Gedenktafel enthüllt, welche die Inschrift trägt: „In der Nacht vom 28. auf 29. Jänner 1810 wurde Andreas Hofer, der Held von Tirol, vor seinem Leidensgange nach Mantua in diesem Hause gefangen gehalten." Gewidmet von Anna Ranacher.

Desgleichen ist in Bozen auf dem alten Gefangenhause eine Marmortafel angebracht mit folgender Inschrift: „Dieses Haus, bei dem einst das Vintlerthor stand, früher Eigenthum des

Bisthums Augsburg und nach der dortigen Patronin St. Afra genannt, beherbergte als Gefangene Andreas Hofer und Peter Mayr, Wirth an der Mahr, im Februar 1810."

Endlich wurde am 6. Mai 1894 am Gasthofe zur Schupfen nächst der Stefansbrücke vom Innsbrucker Veteranen=Verein eine Gedenktafel aus Marmor feierlich enthüllt, welche die Inschrift trägt: „Hauptquartier des Andreas Hofer 1809." Veteranenverein Innsbruck 1894.

Auch wird im nämlichen Gasthause noch das Zimmer Andreas Hofers gezeigt, das in pietätvoller Weise von der ehrenwerten Familie Altenburger so erhalten wird, wie es Hofer zur Zeit bewohnte, als er die Schlachten am Berg Isel leitete. Ober der Thüre zu diesem Zimmer findet man folgenden Vers verzeichnet:

„Hier in dieser Kammer
Schlief Hofer betend ein,
Der frisch zum Kampfe rief
Für Gott im Jahre Neun."

In der Nähe vom Gärberbach bei Innsbruck steht eine Kapelle, in welcher Hofer jedes Mal vor der Schlacht am Berg Isel seine Andacht verrichtete und deßhalb im Volksmunde auch die Hoferkapelle genannt wird. Ober dem Eingange zu dieser Kapelle findet man folgende Zeilen aufgezeichnet:

„Hier betete, den Paternoster in der Hand,
Andreas Hofer einst zu Gott für's Vaterland."

Nicht unerwähnt sollen auch bleiben die prachtvollen Gemälde unseres berühmten Landsmannes Prof. Franz v. Defregger, welcher durch dieselben viel beigetragen hat, die Thaten des

Sandwirtes Hofer bekannt zu machen und zu verherrlichen.

Desgleichen verdient auch das großartige Rundgemälde, darstellend die Schlacht am Berg Isel am 13. August 1809, am Ausstellungsplatze in Innsbruck einer ehrenvollen Würdigung.

Nicht vergessen möge bleiben, daß einige Hoteliers, wie z. B. Herr Josef Flunger in Innsbruck und Herr Carl Abart in Meran, ihre neuen Speisesäle mit Hoferbildern schmückten und selbe Andreas Hofer-Säle betitelten.

Endlich darf nicht übergangen werden, daß die in Meran in den letzten Jahren unter der bewährten Leitung des rühmlichst bekannten Volksschriftstellers Carl Wolf stattfindenden Volksschauspiele, in welchen die Helden von Anno neun den Zuschauern auf die würdigste Weise dargestellt werden, viel beigetragen haben, um den Ruhm Andreas Hofers und seiner Kampfgenossen zu verbreiten und bis in die entferntesten Gegenden Europas und der ganzen Welt bekannt zu machen.

In letzter Linie soll auch noch der großartigen Idee einiger Meraner Gastwirte, nämlich der Herren Carl Abart, Hans Tauber und Alois Walser, Erwähnung geschehen, welche den Plan faßten, auf der Höhe des Küchelberges, genannt Segenbühel, eine Colossalstatue Andreas Hofers aufzustellen, zu welchem Monumente blos Gastwirte von ganz Oesterreich und Deutschland Beiträge leisten dürfen. Der ganze Plan scheiterte aber daran, daß die Gemeinde-Vorstehung des Dorfes Tirol, welcher der Grund gehört, eine solch' riesige Summe begehrte, daß man leider auf die Ausführung desselben von vornhinein verzichten mußte.

Zum Schluſſe möchte ich noch das ſchöne lateiniſche Diſtichon anführen, das der ehrw. Pater Benitius Mayr aus dem Servitenorden und ehemaliger Religionslehrer an der Univerſität in Innsbruck auf Hofers Grabſtein geſetzt wünſchte:

»Hostes, victorem populum compescuit et se;
Spes, dux, pax, princeps, victima, lux patriæ.«

In's Deutſche überſetzt:

„Er beſiegte den Feind, ſiegtrunkene Schaaren
       und ſich ſelber,
Hoffnung, Lenker und Hort, Opfer und Leuchte
       Tirols."

Wappen der Nachkommen Andreas Hofer's.